D1661514

Bayerische Geschenkbibliothek

Dieses Buch ist

____

gewidmet

A guats neis Jahr

Heiteres und Besinnliches
zur Jahreswende

Ausgewählt, zusammengestellt und eingeleitet
von Lisa Röcke

W. Ludwig Verlag

Einbandgestaltung: Hans Widmann, Berg,
unter Verwendung eines handkolorierten Holzstiches
»Prosit Neujahr!« von 1895
(Historisches Text- und Bildarchiv Elyane Werner, München)

ISBN 3-7787-3360-5

Printed in Germany
Satz: Typodata GmbH, München
Druck und Bindung: Richterdruck, Würzburg

INHALT

Zum Thema

Julius Caesar war es, der in dem von ihm geschaffenen Julianischen Kalender den Jahresbeginn auf den 1. Januar festlegte, weil damals der 1. Neumond nach der Wintersonnenwende auf dieses Datum fiel. Benannt wurde der erste Monat im Jahr nach Janus, dem doppelgesichtigen Gott allen Anfangs.

Den letzten Tag im alten Jahr taufte man später zu christlicher Zeit auf den sagenumwobenen Papst Silvester I., der am 31. 12. 335 starb und zum Schutzheiligen dieses Tages bestimmt wurde. Den Übergang vom alten ins neue Jahr hat man schon in den alten Hochkulturen – unabhängig von unserer Zeitrechnung – als ein Fest der Freude, der Glückwünsche und Geschenke gefeiert.

In unseren nördlichen Zonen verband man damit die Freude über die Wintersonnenwende, das lärmende Austreiben der bösen Wintergeister und die vielfältigen Zukunftsorakel, woran gelegentlich noch jetzt bäuerliche Bräuche erinnern; weitgehend beschränkt man sich heute aber auf eine kräftige Silvesterknallerei mit Feuerwerk und aufs Bleigießen oder auf die überall beliebten Knallbonbons mit ihren verheißungsvollen Symbolen und Sprüchen.

Es liegt auf der Hand, daß so emotionsgeladene Tage voller Hoffnung und Skepsis, Trauer über Vergangenes und Vorfreude auf Kommendes auch die »Verslmacher« und Dichter auf den Plan gerufen haben. Hermann Hesse sagt in seinem Gedicht »Stufen«: »Und jedem Anfang wohnt ein Zauber inne, der uns beschützt und der uns hilft, zu leben.« Den Zauber des Neubeginns mit Zukunftsplänen und guten Vorsätzen haben die Poeten ebenso beschrieben wie das rückwärts gerichtete, selbstkritische »Bilanzieren« des vergangenen Jahres, was bei den gläubigen Christen unter ihnen noch zusätzlich mit Dank und Bitte an Gott und Nachdenken über die Zeitlichkeit unseres Daseins verbunden ist.

Die Literatur – in und von Bayern geschaffen – ist besonders reich an Gedichten, Geschichten und heiter-spöttischen Auslassungen rund um den Jahreswechsel. Die Bayern feiern bekanntlich gern, am liebsten das ganze Jahr hindurch, sie begehen die Jahreswende mit Kirchgang, Familienfeiern oder großen rauschenden Festen; sie lieben es laut, aber auch leise, allein oder in trauter Zweisamkeit.

Und weil sie recht realitätsbezogen sind, lieben es ihre Dichter, den Silvester- und Neujahrstrubel mit seinen euphorischen Zukunftsausblicken skeptisch-heiter oder gar sarkastisch zu begleiten, wovon diese kleine Sammlung auch Zeugnis ablegt.

Und da wir uns im letzten Jahrzehnt unseres Jahrhunderts befinden, schien es uns besonders reizvoll zu sein, einen kleinen historischen Rückblick zu wagen und herauszufinden, wie die bayerischen Schriftsteller und Dichter ab Silvester 1900 den Jahreswechsel in unserem schicksalsträchtigen 20. Jahrhundert gewürdigt haben, und welche Prognose der in München verstorbene Schriftsteller und Kabarettist Werner

Finck für »München im Jahr 2000« stellte. Als Motto für die Lektüre dieser kleinen Anthologie möge das »Versl« von Max Dingler dienen:

> Das neue Jahr – a Ruckerl no, na kimmt's!
> Jetzt fragt's no net: »was werd's uns gebn? Was nimmt's?«
> In die Händ gspiebn! Zuapackt! und an frischen Muat
> Und ebbas Zuversicht – na werd's scho guat!

In diesem Sinne: a guat's Nei's!

Gedanken zum Jahresende

GEORG VON DER VRING

Jahresring

Dreht der alte Erdenball
Wieder sich zum Lichte,
Wird der eisige Kristall
Am Gezweig zunichte.

Wieviel Jahr ich schon gestärkt
Ging durch solche Morgen,
Steht im Birkenstamm vermerkt,
Unterm Weiß verborgen.

Wieviel Jahr sein grüner Flaum
Mir noch wehen werde,
Weiß kein weißer Birkenbaum
Und kein Mund der Erde.

Und der Himmel, fern und still
Hinter kahlen Zweigen,
Hüllt als Auge der Sibyll
Sich in Grau und Schweigen.

Franz Graf Pocci

Betrachtung am Ende des Jahres

Was ist die Zeit?
Sie ist ein Teil der Ewigkeit.
Gebraucht sie gut
Mit frohem Mut
Dem lieben Gott zu Ehren!

Was ist die Zeit?
Ein Becher, für den Trunk bereit,
D'raus Süß und Sau'r,
Trinkt Herr wie Bau'r,
Ihn auf den Grund zu leeren.

Was ist die Zeit?
Sie ist so Leid wie Freudigkeit!
Doch Nichts besteht
Und Alles geht –
Das möget ihr beachten!

Was ist die Zeit?
Des lieben Herrgotts Ehrenkleid,
Gewoben fein
Aus Himmelsschein,
Ein Wunder zu betrachten.

Was ist die Zeit?
Ein Bild von der Vergänglichkeit.
Drum sammelt Schätze solcher Art,
Die ihr der Ewigkeit bewahrt,
Von And'ren müßt ihr scheiden.

Was ist die Zeit?
Sie ist des Menschen Seligkeit,
Wenn er sich für die Ewigkeit
Auch jede Stunde heilig weiht
In Freuden und in Leiden!

FRIEDRICH RÜCKERT

Tischspruch

Nun abgelaufen sind
Des Jahres Mond und Sonnen;
Eh wieder sie's begonnen,
Erquicket euch gelind!
Der Mond, die Sonne, die uns sahn zur Arbeit gehen,
Sie wollen unsre Ruh nun sehen.

Es gehn ohn Aufenthalt
Der Jahre Mond und Sonnen;
Sehn uns in Leid und Wonnen;
Und sehn uns jung und alt.
Nun in der Fröhlichkeit laßt guter Sitt uns denken,
Daß sie den Blick uns gerne schenken!

Bertolt Brecht

Wechsel der Dinge

I

Und ich war alt, und ich war jung zu Zeiten
War alt am Morgen und am Abend jung
Und war ein Kind, erinnernd Traurigkeiten
Und war ein Greis ohne Erinnerung

II

War traurig, wann ich jung war
Bin traurig, nun ich alt
So, wann kann ich mal lustig sein?
Es wäre besser bald.

Ludwig Thoma

Nachträgliches

Zum Schlusse ist ein altes Jahr
Verbraucht und arg verrostet.
Man fühlt, wie wenig schön es war
Und was es uns gekostet.

Kurz vor es scheidet, liest man noch
Die Liste seiner Toten
Und denkt mit Seufzen, wie es doch
Nur Trübes uns geboten.

Das neue läßt sich anders an,
Es bringt nur eitel Wonne
Und dem und jenem Untertan
Den Strahl der Gnadensonne.

Es streut die bunten Orden aus
Aus wohlgefüllten Taschen,
Und läßt so manches alte Haus
Begierig danach haschen.

Seht, wie die Treue stärker ist
Und wie sie sich verjünget,
Wie Spargel, den mit Pferdemist
Der weise Gärtner dünget.

Silvester – laut oder leise gefeiert

Helmut Zöpfl
Silvester

Zwanzg Stück Kanonenschläg und nacha
no a Dutzend von de Schweizer Kracher,
Leuchtkugeln große, schee laut und schee bunt,
und Knallerbsn fast a dreiviertel Pfund.
Zehn Böllerschüsse, chinesische Knaller
und fünf von de Mordstrümmer-Superkrawaller
hab i jetzt hoamtragn, weil Silvester i heuer
dahoam und *in aller Stille* bloß feier.

Fred Endrikat
Silvesterfeier

Erst haben wir auf den siebzehnten Januar getrunken.
Die Rede war zünftig und der Grog wunderbar.
Hierauf hat der nächste mit dem Finger gewunken,
nun tranken wir auf den neunzehnten Februar.
Anschließend mußten wir uns von den Plätzen erheben,
denn wir tranken auf den zwölften März und den achten April.
Auch den Mai und den Juni ließen wir himmelhoch leben
mit feierlichen Reden und mit Gebrüll.
Vom Juli bis September wurde es immer bunter,
jedesmal mit einer neuen Runde – das ist doch klar.

Wir tranken den Kalender einmal rauf und wieder runter,
von Silvester auf- und abwärts bis zu Neujahr.
Hierauf vertilgten wir die Likörkarte alphabetisch,
vom Allasch bis zum Zwetschgenwasser, nach der Reih'.
Beim X gab es Grog. Wir wurden poetisch
und sangen die »Mühle im Schwarzwald« dabei.
Nun folgte das Trinken mit Heimatkunde,
von Apolda bis Zabern, bergauf und bergab.
Der Wirt rief: »Nicht kneifen, ihr Schweinehunde!«
Bei Lüdenscheid machten schon einige schlapp.
Wir hieben die Gläser mit Macht aneinander
und brachten einen Kantus, urmarkig und froh,
für die Asta Nielsen bis zur Zarah Leander
und vom Ali Baba bis zum Cicero.
Mein Nachbar, der lange Ilmendörfer,
zielte mit dem Glas nach einem Hirschgeweih,
er war nämlich Sportsmann, von Geburt Hammerwerfer.
Nun begann eine allgemeine Glaswerferei.
Heißa, da flogen die Scherben. Ich hört' jemand lallen:
»Bravo, meine Herren, das nenn' ich Niveau.«
Weg mit den Gläsern. Peng. Karthago muß fallen.
Schinkenkloppen wäre stillos und roh.
Die sonst so gütige Wirtin war leise verbittert,
dieweil ihr guter Kronleuchter total demoliert,
die Holztäfelung an den Wänden wie von Granaten zersplittert
und die Gipsbüste von Dante auf dem Klavier ramponiert.

Die Wirtin versuchte, beschwichtigend einzuschreiten.
Wir grölten: »Nur einmal blüht im Jahr der Mai.«
Einige andere gingen über zu Tätlichkeiten,
dann kamen Sanitäter und die Polizei.
Im Raume wogte ein festlicher Schwaden
von Rumgrog und Punsch, Niespulver und Blei,
von Kartoffelsalat und kalten Schweinskarbonaden,
von sauren Gurken und andrer Arznei.
Wir hörten den Nachtwächter draußen Feierabend blasen.
Die Gäste lagen umher wie verlorene russische Eier.
Im Hofe krähten schon die lieben Osterhasen.
Es war eine ausgiebige Silvesterfeier.

FRIEDRICH HEBBEL

Abenteuer am Neujahrs-Abend

Der berühmte Dichter Friedrich Hebbel war 23 Jahre alt, als er von 1836–39 als armer Student in München sein Leben fristete. Trost und menschliche Wärme erhielt er von der 20jährigen Schreinerstochter Beppi Schwarz, mit der er ein »Gschpusi« hatte. Das nachfolgende Gedicht zeigt die Aufhellung seines damals meist verdüsterten Gemüts durch das mitfühlende junge Mädchen.

Abenteuer am Neujahrs-Abend

Mein Liebchen wollt ich auf mein Zimmer führen,
   Und brach, zu eilig, meinen Schlüssel ab;
Verdrießlich standen wir vor festen Türen,
   Mein schüchtern Liebchen flog die Trepp herab.
In Schnee und Wind schlich ich denn auch von hinnen,
   Der Dom, erleuchtet, hemmte meinen Schritt;
Um wenigstens den Himmel zu gewinnen,
   Ging ich hinein und sang ein Danklied mit! [550]

Franziska Gräfin zu Reventlow

Jedes Jahr zur gleichen Zeit...

Die »tolle« Gräfin der Schwabinger Boheme um die Jahrhundertwende, die mit ihren Freizügigkeit und geistigen Charme spiegelnden Romanen, Tagebüchern und Briefen ihrer Zeit weit voraus war, schildert in ihrem Roman »Von Paul zu Pedro« das jahrelange Liebesverhältnis zu einem »fremden Herrn«, der sie, ohne daß sie viel von ihm wußte, gelegentlich, bestimmt aber in jeder Silvesternacht besuchte...

Aber ich will Ihnen noch von einer sehr merkwürdigen Ausnahme erzählen – von einer jahrelangen Beziehung, die immer der fremde Mann blieb. Jahrelang – ja, da horchen Sie auf – es waren sogar ziemlich viele Jahre, es hat auch eigentlich nie einen bestimmten Anfang gehabt und hat nie ein definitives Ende genommen.

Wie und wo wir uns zum erstenmal sahen, gehört nicht hierher – seien Sie nicht zu neugierig; wenn ich eine uralte Dame mit weißen Haaren bin, erzähle ich es Ihnen vielleicht einmal, jetzt sicher nicht. Aber die damaligen Umstände brachten es mit sich, daß er mich nie bei Tage aufsuchen konnte. Ich habe lange Zeit nicht einmal gewußt, wer er war. Auf die Länge ließ sich das natürlich nicht vermeiden, aber dann machte es auch keinen Eindruck mehr, daß er einen Namen und eine Position im Leben hatte. Er blieb der fremde Mann. Es war zur Traditon geworden, daß wir jede nähere persönliche Bekanntschaft, jedes Übergreifen unserer Beziehungen auf unser sonstiges Dasein vermieden. Und ich muß sagen, daß wir es wirklich verstanden, diese Tradition zu kulivieren. Unser Verkehr blieb immer zeremoniell, unpersönlich und voller Distanz. Wir haben uns nie auch nur für einen Moment geduzt, sind nie zusammen ausgegangen oder dergleichen. Trafen wir uns doch einmal, im Theater oder bei ähnlichen Gelegenheiten, so grüßten wir uns aus der Ferne. War es nicht zu vermeiden, so ließ er sich mir auch vorstellen, und wir wechselten einige höfliche Redensarten.

Er hatte immer meine Adresse und meine Schlüssel, bei jedem Wechsel meiner Wohnung oder meiner Lebenslage verfehlte ich nicht, ihm diese beiden Dinge zuzustellen. (Sie können sich wohl denken, daß seine Schlüsselsammlung mit der Zeit beträchtlich angewachsen ist.)

Er meldete sein Erscheinen durch ein Billett oder Telegramm – dann war ich immer für ihn zu Hause. Und darin bewies er eine wahrhaft antike Seelengröße: wie und wo er mich auch im Lauf der Zeiten aufgesucht und gefunden hat, ob in einer eigenen Wohnung, im Hotel oder einer gänzlich improvisierten Umgebung – er verzog nie eine Miene, wunderte sich nie, fragte nie – erschien zu den spätesten und unwahrscheinlichsten Stunden – immer korrekt, immer fremder Herr. Und ging ebenso wieder fort, ehe der graue Alltag das Leben wieder wahrscheinlich machte.

Machmal kam er auch erst gegen Morgen, wenn ich längst schlief, stand auf einmal mit dem Zylinder in der

Hand da – das schätzte ich ganz besonders. – Oder ich glaubte nur von ihm geträumt zu haben und fand dann beim Aufwachen Blumen, die nur von ihm sein konnten – er brachte immer Blumen mit. Solche Erinnerungen liebe ich sehr – auch noch manche andere – wenn wir in der Morgendämmerung am Fenster Kaffee tranken und uns korrekt und gebildet unterhielten. Wenn er dann die Straße entlang ging, sah ich ihm nach, und es hatte so viel Reiz, gar keine greifbare Vorstellung von seinem Leben zu haben, keine Ahnung von seiner Umgebung, nicht zu wissen, mit was für Menschen er verkehrt und wie er mit ihnen ist.

Andere Frauen – das hat mich eigentlich nie interessiert. Ich habe späterhin aus verschiedenen Andeutungen kombiniert, daß er eine »himmlische Liebe« hatte, eine sehr unglückliche. Bei anderen Männern habe ich das manchmal etwas dumm gefunden, aber bei ihm hatte es viel Charme und gab eine düstere Nuance, die ihm gut stand.

Übrigens verloren wir uns zeitweise ganz aus den Augen, er machte öfters lange Reisen, und ich war ja immer viel unterwegs. Ich habe dann auch kaum an ihn gedacht – ob er an mich dachte, weiß ich nicht. Aber wenn wir uns beide nach M...zurückfanden, war wieder alles wie vorher. Nur gehörte es unverbrüchlich zu unserer Tradition, daß wir in der Silvesternacht zusammenkamen, denn der 31. Dezember war der Ausgangspunkt unserer Beziehungen gewesen. Mit oder ohne Verabredung, ich wußte, daß er dann kommen würde; und meine sonstigen Bekannten haben sich immer gewundert, warum ich bei jeder Neujahrsfeier geheimnisvoll vom Schauplatz verschwand, sobald es zwölf Uhr geschlagen hatte.

RUDOLF FERNAU

Eine seltsame Begegnung in der Silvesternacht 1941/42

Der bekannte und beliebte Bühnen- und Filmschauspieler erzählt in seinem Lebenstagebuch »Als Lied begann's« von den vielen Ereignissen und Erlebnissen seines wechselvollen Lebens. In der Silvesternacht 1941/42 holt ihn die alte Heimat München mit einer »seltsamen« Begegnung ein.

Berlin 1941. Jahreswechsel – abendliches Flockengeriesel auf dem Kurfürstendamm und nach Hause eilendes Menschengewimmel zu den Silvestervorbereitungen. Vor einer Auslage an der Kranzlerecke schob sich dicht neben mich eine Gestalt und flüsterte mir ins Ohr: »Ich kenn dich! Hab dich verfolgt, Rudolf!« Mein sich jäh wendender Blick sah in ein durchfurchtes scharfkantiges Gesicht, das von einem hochgeschlagenen Mantelkragen halb verdeckt war. »Ich sag nur ›München‹ – Wörthschule Haidhausen – Volksschule vierte Klasse! Kenn dich von deinen Filmen, aber mich kennst bestimmt nicht mehr – bin der Schmelzer Oskar!« Ich bohrte vergeblich in meinem Gedächtnis. »Komm«, forderte er kurz auf, »trink ma bei Aschinger am Zoo a Haferl Bier. Ich lad dich ein.« Er war anspruchslos wie ein Arbeiter angezogen, der Schmelzer Oskar, und prostete mir gleich zu, aber ich nippte nur, da ich kaltes Bier nicht vertrage. »Ich werd dir ein bisserl nachhelfen«, grinste er hintergründig. »Ich war das schwarze Schaf in der Klasse damals, und der Lehrer Bäuerle prophezeite mir immer: ›Du kommst bestimmt noch mal ins Zuchthaus!‹ Naja, hat ja auch gestimmt. Hab's geerbt vom Vater. Der war Stammgast im Gefängnis Stadelheim, und die Mutter hat sich aus Jammer versoffen. Von der ganzen Rasselbande der Klasse weiß ich kein' einzigen mehr, dich, Rudolf, hab ich behalten. Kannst dich sicher net mehr erinnern, daß ich wieder einmal fünfzehn Übergelegte mit dem spanischen Röhrl hintendrauf gesalzen kriegt hab, weil ich den Karzer aufbrochen und dann acht Tage die Schule geschwänzt hab. Diesmal die Übergelegten vom Hausmeister persönlich, und das spanische Röhrl hat er grad nur so in der Luft pfeifen lassen, wie er fünf als Extragab zu die fünfzehn andern dreingeben hat, damit ich endlich zu schreien anfangen soll. Aber ich hab die Zähn zusammenbissen und ihm den Gefallen nicht getan!« feixte er stolz und bestellte sich ein neues Helles. »Dann in der Pause aufm Hof haben sich alle druckt von mir, und ich bin alleinig in der Ecken gestanden, aber du bist auf mich zugegangen und hast mir deinen halben angebissenen Apfel hingestreckt. ›Hat's arg weh getan, wie er drauf gsalzen hat?‹ hast du gefragt. Ja, hab ich gesagt, und auf einmal is mirs Wasser aus die Augen grad nur so gelaufen. Sixt, Rudolf, wenn ein Mensch gut zu einem ist, das vergißt ma sein ganzes Leben net. Sollt öfter passieren – tät vielleicht manches anders werden.« Er zündete sich tief inhalierend eine Zigarette an. »Dreimal bin ich schon gesessen. Das erste Mal vier Jahre Zuchthaus wegen Einbruch – das zweite Mal drei Jahre, weil mich einer verpfiffen hat, und das dritte Mal, weil ich ein paar Mitternachtspferderln hab laufen lassen.« Ich sah ihn nichtverstehend an. »Naja, aufm Randstein halt...da bist ein feiner Maxe.« Er seufzte. »Und was machst du jetzt?« fragte ich. »LKW-Fahrer. München – Berlin und wieder zurück. Zum Militär nehmens mich vorläufig nicht, und wenns mich trifft, dann Strafkompanie. Aber da werdens mich dann net so schnell finden«, feixte er und zerdrückte die Zigarette, und wir zahlten unsere Zeche. »Hab deine Filme alle angeschaut, ›Namen des Volkes‹ – als Autoräuber – pfundig. Bist a großer Verbrecher geworden im Film, und ich bin als kleiner Gauner vor die Hund gegangen.« »Ja«, sagte ich, »der Film hat mir alles beigebracht, das Tresoraufbrechen, das Aus-der-Hüfte-Schießen, das Geldfälschen!« »Macht's dir Freud?« fragte er. »Aber natürlich! Sind doch auch Menschen. Denk an deine Verhältnisse und wie du aufgewachsen bist.« »Und jetzt?« »Jetzt spiel ich zum erstenmal einen anständigen Menschen, in ›Wiedersehen, Franziska‹, und bin ich in die Marianne Hoppe hoffnungslos verliebt.« »Pfundig«, lachte er, »hast also auch zurückgefunden ins anständige Leben! Morgen bin i wieder in München und geh an der Wörthschul in Haidhausen vorbei. Soll i an schönen Gruß ausrichten an die alte Bude?« »Natürlich!« Er drückte mir herzhaft die Hand und wandte sich zum Gehen. Dann drehte er sich nochmals um. »A guts Neues Jahr!« rief er. »Hoffentlich kommens heut net«, und deutete gegen den mit drohenden Schneewolken verhangenen Himmel. »I mein die Engländer!« Und sie kamen nicht in das vor Angst sich duckende nächtliche Berlin, um ihre Höllensaat auf unschuldige Menschen niederprasseln zu lassen. Nachdenklich schritt ich zur nahegelegenen Pension, nahm eine Schlaftablette aus dem Röhrchen, um mich in Morpheus' Armen in die herzbeklemmende Ungewißheit des Jahres 1942 sanft hinübergleiten zu lassen.

GERHARD POLT/HANNS CHRISTIAN MÜLLER

Sylvesterfeuerwerk

Die Betonbrüstung eines Balkons, dahinter Familie Bäumel. Sylvesterglocken läuten.

GUDRUN: Mit was fang man o, mit de Bluestars?

KARL: Naa, de Skyflowers nehm ma... Maurice, Feuerzeug!

GUDRUN: San des de mit de langa Stecka?

KARL: Naa, doch, ja schick dich!!

GUDRUN: Maurice, da!

Familie Bäumel brennt das Feuerwerk ab. Gudrun packt aus, Sohn Maurice steckt die Raketen in Flaschen, Karl zündet. Niemand schaut den fliegenden Raketen nach, ein einstudierter Ablauf, der keine Ablenkung zuläßt.

KARL: Jetz de Orange-power-squirrel...

GUDRUN: Da san fei bloß zwoa da.

KARL: Ja, her damit. Maurice, los, weiter...

GUDRUN: Jetz de Sunchrylers oder de Voyagers?

KARL: Is wurscht, her damit.

GUDRUN: Jetz san nur no Bluestars da.

KARL: Und der Kanonenschlag fürn Schluß. Ja, Maurice, was is denn... *Das Feuerwerk wird diszipliniert abgebrannt.*

GUDRUN: Da, des is da letzte.

KARL: Ah so... zündet Kanonenschlag an. Okay, dann ham mirs wieder für heuer.

Alle drei gehn ins Wohnzimmer. Der Kanonenschlag detoniert.

Siegfried von Vegesack

Mein Sylvesterwunsch

Wünschen ist erlaubt
und kostet keinen Pfennig.
Zum Beispiel, wenn ich
mir wünschte,
an das Finanzamt nichts mehr zu zahlen
oder bei den nächsten Wahlen
ein Mandat zu ergattern,
Minister zu werden und mit den Jahren
völlig zu vertattern, –
so kann mir das niemand verwehren.
Aber ich bin zu bescheiden.
Mich locken keinerlei Ehren:
ich mag keine Ämter bekleiden.
Selbst ein Minister ist nicht immer zu beneiden...
Ja, was soll ich mir wünschen?
Eine Villa am Luganer See
mit allen Finessen,
prima Cypressen,
Zentral-Heizung und W. C.?
Nein, mich lockt
nicht so ein Cypressen umstandenes Haus:
Es sieht mir zu sehr
nach Böcklins Toteninsel
oder Hain der Seligen aus.
Und mit Leichen und Seligen weiß ich
verdammt wenig anzufangen...
Mein Verlangen,

mein Sylvester-Wunsch
ist viel primitiverer Natur:
Ich wünsche mir nur
einen Punsch,
aber einen starken Cognak- und Arrak-Punsch,
eine gewaltige Schüssel voll,
und kein Tröpfchen Wasser soll
in dem Gesöffe sein,
und ein Glas, für mich ganz allein –
man muß sich zuweilen
von seiner Familie trennen! –
Und einen Kamin mit einem Feuer
ganz ungeheuer –
um alle unbezahlten Rechnungen
und Steuerbescheide dieses Jahres
zu verbrennen, verbrennen, verbrennen!

Bilanzen – Gute Vorsätze – Prognosen

Friedrich Hebbel

Tagebuchnotiz Silvester 1840

In seinen Tagebüchern, die Hebbel seit 1835 führte, werden Leben, Gedankenwelt und die geistigen Auseinandersetzungen des immer von Selbstzweifeln geplagten Dichters mit seiner Umwelt mit großer Intensität geschildert, wovon die in diesem Kapitel aufgeführten Beispiele zeugen.

Abends 12 Uhr.

Nächstes Jahrzehnt, voll Entscheidung bist du für mich; was wirst du mir bringen? Den Ruhm oder das Grab?

Helmut Zöpfl

Jahresbilanz

As Jahr mit zwanzg guate Vorsätz ogfangt,
hat dann aber net bsonders lang glangt.
Beim Fasching zwölf neue Adressn aufgschriebn,
bei der sechstn a halberts Jahr pappn dann bliebn.
Beim »zwoa-oans« vom Gerd Müller oan Meter
hochghupft,
428 Gramm Schnupftabak gschnupft.
36812 Kalorien z'vui geßn.
Wieder net im Deutschen Museum drin gwesn,
35 mal die Bonanzas ogschaut.
Auf der Wiesn vier mal an Lukas naufghaut.
27 Kriminalromane glesn,

bei 18 derratn, wer der Mörder is gwesn.
211 mal an Schiedsrichter auspfiffa.
Beim Autofahrn 62 mal im Ton mi vergriffa.
43 mal as Jennerweinlied gsunga.
10 mal übern eigna Schattn gsprunga.
Jedesmal, wenn is ghört hab zur Mitternachtszeit,
mi über de boarische Nationalhymne gfreut.
12 Stund vor de rotn Ampln gwart.
18 Mark auf a Grundstück am Stachus gspart.
Beim Hochdeutschredn dreimal d'Zunga verrenkt.
365 mal an mei Buamazeit denkt.
Beim Schafkopfrennats an Vorletztn gmacht.
Koa oanzigsmal übern Mainzer Karneval glacht.
12 mal mir mit Dachsfett mei Rheumatisch eigriebn.
17 Preußn an falschn Weg ins Hofbräuhaus beschriebn.
An am Spielautomatn 20 Pfennig verlorn,
und aa des Jahr a Jahr wieder älter worn.

(nach einer Idee von Sigi Sommer)

FRIEDRICH HEBBEL

Bilanz und Prognose beim Jahreswechsel 1836/37, notiert in seinem Tagebuch

d. 31. Dezbr 1836.

Am Schlusse dieses 1836sten Jahres mag ich mir sagen, daß das heranrückende 1837ste mehr, wie irgendein vorhergegangenes, Entscheidung für mich mit sich führen muß. Äußerlich handelt es sich um Begründung einer Existenz durch literärische Bestrebungen; auch innerlich kann dieser zwischen überflutender Fülle und gräßlicher Leere hin und her schwankende und gleich dem eines Trunkenboldes auf- und absteigende Zustand nicht lange mehr fortbestehen. Eine Erfahrung von Bedeutung glaube ich über mich selbst im letzten Jahr gemacht zu haben, nämlich die, daß es mir durchaus unmöglich ist, etwas zu schreiben, was sich nicht wirklich mit meinem geistigen Leben aufs innigste verkettet. Ebenfalls fühl ich mich jetzt – das war früher nicht der Fall – vom Innersten heraus zum Dichter bestimmt; irrt ich dennoch darin, so wäre mir mit dem Talent zugleich jede Fähigkeit, das in der Kunst Würdige und Gewichtige zu erkennen, versagt, denn das Zeugnis, mich redlich um den höchsten Maßstab bemüht und diesen streng an die Dokumente meines poetischen Schaffens gelegt zu haben, darf ich mir geben. Die Kunst ist das einzige Medium, wodurch Welt, Leben und Natur Eingang zu mir finden; ich habe in dieser ernsten Stunde nichts zu bitten und zu beten, als, daß es mir durch ein zu hartes

Schicksal nicht unmöglich gemacht werden mögte, die Kräfte, die ich für sie in meiner Brust vermute, hervorzukehren!

RUDOLF FERNAU

Zehn Vorsätze und Lebensregeln fürs Neue Jahr

Silvesternacht 1925/26.

Das Feuerwerksgeknalle und Prosit-Neujahr Gebrülle waren in dem dunklen Schacht des vielstöckigen Gartenhauses schon verebbt, als Oljuschka und ich auf den kleinen Balkon traten und über uns sich der gestirnte Silvesterhimmel 1926 glitzernd wölbte. Aus meinem Zettelkasten kramte ich gesammelte »goldene Lebensregeln«, Vorsätze, Rezepte für Charakterbildung und Verhaltungen gegen Lebensunbill usw. heraus. Leider unbefolgt und allzu schnell von der Alltagshast hinweggespült. Aber dieser mit 10 Geboten und Vorsätzen gepflasterte Jahresweg sollte mir helfen, Fehler und Niederlagen zu umgehen.

1. Gebot. Lerne schweigen. Schweigen können ist halbe Persönlichkeit, sagt Nietzsche. Und wenn du nichts zu sagen hast, dann schweige vielsagend.

2. Beginne nicht, wie so viele ichbesessene Schauspieler, jeden Satz mit ich. Dein Nabel ist nicht Mittelpunkt der Welt. Fröne nicht dem allzuverbreiteten Laster, dem Partner die letzte Satzhälfte aus dem noch

halbgeöffneten Rachen zu reißen. Es gibt kaum Lauschende, nur mehr Monologisten.

3. Dankbarkeit ist ein seltenes Pflänzchen am Theater. Nichts ist selbstverständlich.

4. Lob macht faul – Kritik fleißig. Sei nicht lobhungrig und lobe dich nicht selbst. Erzähle lächelnd deine Niederlagen und Verrisse, du reichst Erfrischungen.

5. Überrede dich nicht – überzeuge dich und sammle keine Kränkungen. Sie führen zu lustvoller Selbstqual. Außerdem legen sich Negationen auf die Brust, und du atmest nicht mehr durch.

6. Bescheidenheit darf nicht in Feigheit ausarten. Sei nicht demütig. Du erntest damit nur seelische Fußtritte. Lerne die liebenswürdige Kunst, dir Feinde zu machen. Ein guter Feind ist mehr wert als ein schlechter Freund. Und man soll, sagte Karlchen Etlinger, überhaupt keine Freunde, sondern nur gute Bekannte haben, mit denen man sein Hobby und die gemeinsamen Feinde teilt. Das kittet.

7. Auf einem vergilbten Kalenderzettel meiner Mutter las ich: Briefe in Eile sind brennende Pfeile.

8. Treibe keine Inflation mit Superlativen. Der Schmuck der Rede ist, keinen Schmuck zu haben. Was gut ist, ist gut und nicht sehr gut und nicht das beste.

9. Vertrödele die Zeit nicht mit Strohgedresche des Theaterklatsches, der kein Korn enthält. Halte es mit dem Doyen des Burgtheaters Raoul Aslan, der sagte: »Wer mit wem im Bett liegt, ist uninteressant, die Hauptsache ist, daß im Bett gelegen wird!«

10. Freude ist Leben. Nur wer den Augenblick erlebt – der lebt.

Am anderen Morgen telefonierte ich Karlchen Etlinger meine Gesetzestafel von Vorsätzen und Lebensregeln durch, und er meinte: »Ich will dir was sagen! Ich bin von Natur aus im Gemüt eine Efeuseele, die sich immer irgendwo anranken muß. Ich darf keine Befehle in mich hineinschreien und mich drillen. Da werde ich zum stachligen Igel. Mein heiliger Nepomuk Nestroy sagt in diesem Fall: Vorsätze sind die grünen Früchte, die abfallen, eh sie reif sind.«

Oskar Maria Graf

Der Neujahrsbrief

Unsere Aufkirchner Schule hat zwei Klassenzimmer gehabt und infolgedessen auch zwei Lehrer. Im kleineren Zimmer waren die erste, zweite und dritte Klasse untergebracht, und ein neugebackener Hilfslehrer hat dort die Abc-Schützen unterrichtet. Deswegen hat diese Abteilung die »kleine Schule« und der Hilfslehrer der »kleine Lehrer« geheißen.

Die »große Schule« mit der vierten, fünften, sechsten und siebenten Klasse hat unser Hauptlehrer Karl Männer geleitet, der »große Lehrer«. Beim Unterricht sind immer zwei Klassen zusammengenommen worden. Die vierte und fünfte lernten stets das gleiche, die sechste und siebente ebenso. Demnach hätte also ein Viertklaßler ohne weiteres in die sechste aufrücken können, aber wahrscheinlich hat man sich gesagt: Doppelt gelernt hält besser. (...)

Wir von der »großen Schule« schauten selbstredend mit Verachtung auf die Abc-Schützen herab, aber in den Weihnachtsferien haben die es doch viel besser gehabt als wir. Wir nämlich mußten ausgerechnet am Silvestertag in die Schule gehen und sie nicht.

An diesem Tag ist der Lehrer Männer jedesmal mit einem großen Paket zur Tür hereingekommen, zum Katheder gegangen, hat gewartet, bis wir ruhiger geworden sind, und alsdann feierlich gesagt: »Ihr wißt alle, daß heute um Mitternacht ein altes Jahr aufhört und ein neues beginnt. Unmerklich geschieht das...«

Er schneuzte sich, legte sein blaugeblümeltes Schnupftuch langsam zusammen und fuhr dann fort: »Zur heiligen Beichte macht der Sünder vorher eine Gewissenserforschung. Er denkt genau über alle begangenen Sünden nach, um sie reumütig dem Allmächtigen gestehen zu können. So ungefähr sollt auch ihr es mit dem Neujahrsbrief machen. Jeder soll über das Schöne und Gute, was er von seinen Eltern empfangen hat, nachdenken und dafür danken. Er soll versprechen, es im neuen Jahr besser zu machen und fleißiger zu sein, damit ihn Eltern und Lehrer mit der gleichen Liebe erziehen.«

Wiederum hat er bei diesen wunderschönen Worten eingehalten, hat rasselnd geschnupft und alsdann einen durchdringenden Blick auf uns geworfen.

»Ich will euch aber gleich sagen, daß es mit leeren Versprechungen nicht getan ist!« hat er auf das hin schärfer gesagt: »Die meisten Menschen sind denkfaul, und darum lügen sie soviel. Das sehen wir schon an unserem ›Vaterunser‹. Da heißt es zum Beispiel an einer Stelle: ›Vergib uns unsere Schuld, wie auch wir vergeben unseren Schuldigern.‹ Das heißt, daß man in diesem Augenblick wirklich allen seinen Feinden vergeben muß, wohlverstanden! Ich habe aber noch nie erlebt, daß zwei Leute, die einander feind sind, nach dem ›Vaterunser‹ einander die Hand gegeben haben und wieder gut waren. Wenn man so betet und so verspricht, dann tut man's besser gar nicht, denn dann ist's eine Lüge.«

Nach dieser strengen Warnung hat der Lehrer die

prachtvollen Neujahrsbriefbogen, die er in seinem Paket gehabt hat, hergezeigt. Mit dicken Rosengirlanden waren sie an den Ecken und Rändern bedruckt, und kleine, farbige Engel, bloß mit einem Kopf und zwei Flügeln, zierten sie. Der Bogen hat zwanzig Pfennig gekostet und das seidene Bändchen für die Schleife noch einmal fünf.

Gerollt nämlich und nicht in einem Kuvert mußten wir die Briefe unseren Eltern bringen.

»Also, ich habe da Briefpapier, wer will eins?« hat der Lehrer gefragt und noch einmal warnend den Zeigefinger gestreckt: »Und merkt es euch, was ihr versprecht!« Wir hingegen waren schon eine Gier, und jeder hätte am liebsten die ganzen Briefbogen für sich allein gekauft.

Alsdann haben wir den Neujahrsbrief auf die Schiefertafel schreiben müssen, und hernach – wenn sie der Lehrer korrigiert gehabt hat – haben wir die Fassung fein säuberlich mit Tinte auf den eben gekauften schönen Briefbogen gemalt. – (...)

»Im neuen Jahr vielleicht werde ich ein ganz anderer Mensch, liebste Eltern, das verspreche ich Euch vielleicht von ganzem Herzen«, habe ich jedesmal geschrieben und außerdem immer mit dem schwungvollen Satz angefangen: »Wieder fällt ein überreifes Jahr vom Baume der Ewigkeit und ist nicht mehr.« Dieses habe ich einmal irgendwo gelesen und mir gemerkt, und weil es dem Lehrer so gefallen hat, habe ich an jedem Silvestertag meinen Brief so angefangen. Der Lehrer war immer sehr zufrieden damit. – Das

Neujahrsbriefschreiben ist selbstredend für die meisten von uns eine fürchterliche Kopfarbeit gewesen. Keinem ist was Passendes und Gescheites eingefallen, aber die zwei Seiten haben doch voll sein müssen. Mädchen und Buben sind bei uns in den Klassen gewesen, rechts die Mädchen, links die Buben. Die Mädchen haben mitunter Gedichte aus ihrem Poesiealbum in den Brief hineingeflochten. Das hat sehr ausgegeben, wenn es auch nicht immer ganz gepaßt hat, wie zum Beispiel der Spruch, den wo unser Vater allen meinen Schwestern immer in ihr Album geschrieben hat:

Zwei Nägel, sie genügen
Dem Sarge zum Verschluß.
Der eine heißt Vergnügen,
der andere heißt Verdruß.

Oder das von der Wintersheimer-Mimi:

Laß die Blumen stehn
und auch den Strauch.
Andre die vorübergehn,
freu'n sich auch.

Hinwiederum solche Alben haben bei uns bloß etliche Mädchen gehabt, die gescheiteren und besseren. Bei den Bauern und Kleinhäuslern hat man solche Faxen nicht gekannt. Die Allerdümmste davon, die Hartmann-Elis von Mörlbach, die hat der Lehrer einmal nach der Hauptstadt von Deutschland gefragt. Sie hat eine Zeitlang hinum und herum gedrückt, und endlich sagt sie: »Vogesen.« Für die ist der Neujahrsbrief das reinste Martyrium gewesen, weil sie überhaupt bloß bei der Religion halbwegs mitgekommen ist.

»Lippsde Äldern«, hat die einmal geschrieben, »ich winsche enk fülgligg im nein jar und wühl nigd mehr pfolgen und petteln, tas ir lang leppt...« Dann hat sie die Zehn Gebote hingeschrieben, aber schon so falsch, daß sogar der Männer bloß den Kopf geschüttelt und leicht gelacht hat. Der Kanzler-Sepp von Farchach, der mit seinem viereckigen Kopf, welcher immer bei uns hineingeschaut und auch alsdann noch falsch abgeschrieben hat, den haben wir einmal aus Jux schreiben lassen: »Liebste Eltern! Stehlen und Unkeuschheit treiben tue ich im neuen Jahr ganz gewiß nicht mehr, und das Lügen gewöhn ich mir auch ab, weil es doch aufkommt.«

Am meisten für den Text des Neujahrsbriefes hat unser »Beichtspiegel« hergeben müssen, welcher ein Blatt gewesen ist, wo unser Pfarrer die genauen Gebetsregeln und das Sündenregister hektographiert hat, damit, daß wir alles auswendig lernen. Bei den Sünden hat es immer geheißen »Ich habe... gestohlen« oder »Ich habe... gelogen« oder »Ich habe Unkeuschheit... getrieben« und da, wo die Punkte gewesen sind, haben wir bloß die Zahl sagen müssen.

Das hat der Pfisterer-Hans von Farchach ausgenützt, indem daß er, wie es im Beichtspiegel geheißen hat, angefangen hat: »Liebste Eltern! Ich armer, sündiger Mensch klage mich an vor Gott dem Allmächtigen und Ihnen Priester an Gottes Statt, daß ich im letzten

Jahr folgende Sünden begangen habe.« Alsdann hat er das ganze Sündenregister hingeschrieben. Da hat ihm der Lehrer zwei Tatzen gegeben, seinen Briefbogen zerrissen und gesagt, wenn er so faul ist und nichts anderes weiß, soll er es ganz bleiben lassen. Den Hans hat das nicht weiter geniert. Daheim bei ihm aber haben sie – wie er uns nach Neujahr erzählt hat – recht ungut gesagt, warum ihm der Lehrer denn die fünfundzwanzig Pfennig nicht zurückgegeben hat, und überhaupt, das unsinnige Neujahrsbriefschreiben sollt er bleiben lassen, die Kinder braucht man daheim beim Dreschen. Der Hans aber hat sich das nicht zum Lehrer sagen trauen. –

Die Heinzeller-Maria von unserem Berger Schloßwart, dem wo seine Frau vor gutding zwei Jahre gestorben ist, die Marie hat von ihrer Mutter selig ein kleines Bücherl, einen ›Briefsteller für Liebende‹, mitgebracht, und aus dem hat sie den folgenden Neujahrsbrief abgeschrieben:

»Herzallerliebster!

Oft denke ich daran, wie wundervoll dieses Jahr in Deinen Armen war. Jetzt ist es verschwunden, aber meine Liebe zu Dir nicht. Ach, ich kann Deinen weichen Mund nicht vergessen und sehne mich Tag und Nacht danach. Tust Du es auch? Oh, die Zeit flieht und vergeht wie im Fluge! Wir sind uns so vertraut. Ich wünsche Dir, mein Herzblatt, daß Du gesund bleibst und viel Glück in allem hast. Ich wünsche aber auch mir, daß ich noch viele sonnenhelle Tage und ein wolkenloses Glück mit Dir erlebe. Das weißt Du gewiß auch. Jede Nacht träume ich von Deinen Armen, jeden Tag schmachte ich nach Deinen Küssen und vergehe schier, wenn ich Dich einmal nicht gesehen und geküßt habe. Wie wird dieses neue Jahr sein, Liebster? Wird es unsere endliche Vereinigung bringen? Wird unser Glück ganz und dauerhaft werden? Oh, mein Süßer! Oh, mein Herzliebster, Dein bin ich auf ewig! Nimm mich in Deine starken Arme und küsse mich im neuen Jahr noch viel öfter und inniger als im vergangenen. Das andere weißt Du schon.

Mit innigster Liebe Dein trautes
Vergißmeinnicht – Marie.«

Das hat ihr ein furchtbares Strafgericht eingebracht. Lehrer und Pfarrer haben sie vernommen und den ›Briefsteller für Liebende‹ behalten. Der neue Pfarrer Friedinger ist zum Heinzeller gekommen und hat gesagt, wie er bloß so schmutzige, unkeusche Bücher haben kann. Der Heinzeller ist ganz baff geworden und hat durchaus nicht gewußt, wie so was in sein Haus gekommen ist. »Dös oanzige, wos i hie und do les, Hochwürden, is der ›Land- und Seebot‹«, hat er gesagt.

Hinwiederum aber hat ihm die Sache doch arg zu denken gegeben, und er hat sich erinnert, daß seine Frau selig oft und oft so komische Bücher gelesen hat, er hat dieselben gar nie angeschaut und auch keine Zeit dazu gehabt. Sie ist eine recht strammgewachsene, saubere Person gewesen, die verstorbene Heinzellerin, und viel jünger wie er, aber an der Lung hat es ihr gefehlt, deswegen ist es so schnell dahingegangen mit ihr. Ihrem Gesicht nach, hat man gemeint, sie ist das Leben selber. Und jeden Tag ist sie sauber beieinander gewesen, immer hat sie ein blitzweißes Zierschürzerl angehabt und ihre roten Haare schön gemacht. Ganz städtisch ist sie dahergekommen mit ihren hohen Stökkerlschuhen, und mit jedem Mannsbild war sie die Freundlichkeit selber. Keinen Tanz hat sie beim Veteranen- oder beim Sängerball ausgelassen, am liebsten ist ihr dabei der Stallmeister vom Poschinger gewesen, und mit dem Kapitän vom Dampfschiff »Luitpold« ist sie auch recht speziell gewesen. Die Leute haben allerhand drüber gemunkelt, aber sie ist dem Heinzeller eine gute Hausfrau und der Marie die beste Mutter gewesen. »I hob nia wos z'klogn ghabt über sie«, hat der Heinzeller gesagt: »I wollt, sie lebert noch...« Leicht zu denken also, daß ihm die Geschichte mit der Marie arg zuwider war. Er hat sie recht geschimpft und sofort alle sonstigen Bücher, die wo noch im Haus gewesen sind, in den Ofen geschmissen. Die Marie ist ganz verdrossen geworden, und in der Schule ist es ihr noch schlechter gegangen.

Der Männer hat zwar nicht mehr viel verlauten lassen und bloß einmal zu uns gesagt: »Jedes Buch ist nicht gleich«, aber der Friedinger hat sich in der Religionsstunde ganz finster vor uns hingestellt und der Heinzeller-Marie schier durch und durch geschaut und angefangen: »Nehmt euch in acht vor der Verführung! Da habt ihr es wieder gesehen – der Satan kommt nicht in leibhaftiger Gestalt, nicht mit einem bösen Gesicht zu uns! Oh, durchaus nicht! Er ist immer katzenfreundlich und lächelt und verstellt sich, daß es ja niemand merkt, was er will. Oft läßt er sich gar nicht sehen, der Höllische, sondern verstreut seine Lockmittel in Gestalt von Zeitungen und Büchern! Da, meint er, merkt's dann so schnell keiner und tappt wie ein Blinder in die schrecklichste Sündhaftigkeit...«

Immer lauter ist er geworden, der eifrige neue Pfarrer, und hat ein krebsrotes Gesicht gekriegt: »Und daß ihr' s ein für allemal wißt, und besonders du, Heinzeller-Marie, fragt immer zuerst euren Seelsorger, wenn euch so ein Schandbuch unterkommt, verstanden?« Die Marie ist dabei brandrot geworden und hat ganz zerknirscht geweint, und wir haben sie angeschaut, als wie wenn wir uns vor ihr ekeln. Gleich, wie der hochwürdige Herr Pfarrer draußen gewesen ist, haben wir zu ihr gesagt: »Ah, pfui Teifi, do muaßt du di dein Leben lang schaama.« Auf das hin hat sie noch mehr zu plärren angefangen, und wir haben erst recht gestichelt, da kann sie gar nicht oft genug beichten, ehvor sie das losbringt. –

Am anderen Sonntag ist in Starnberg drenten der Jakobimarkt gewesen. Da hat sich jeder von uns insgeheim den ›Briefsteller für Liebende‹ gekauft.

Erich Kästner

Spruch für die Silvesternacht

Man soll das Jahr nicht mit Programmen
beladen wie ein krankes Pferd.
Wenn man es allzu sehr beschwert,
bricht es zu guter Letzt zusammen.

Je üppiger die Pläne blühen,
um so verzwickter wird die Tat.
Man nimmt sich vor, sich zu bemühen,
und schließlich hat man den Salat!

Es nützt nicht viel, sich rotzuschämen.
Es nützt nichts, und es schadet bloß,
sich tausend Dinge vorzunehmen.
Laßt das Programm! Und bessert euch drauflos!

Joachim Ringelnatz

Was würden Sie tun, wenn Sie das neue Jahr regieren könnten?

Ich würde vor Aufregung wahrscheinlich
Die ersten Nächte schlaflos verbringen
Und darauf tagelang ängstlich und kleinlich
Ganz dumme, selbstsüchtige Pläne schwingen.

Dann – hoffentlich – aber laut lachen
Und endlich den lieben Gott abends leise
Bitten, doch wieder nach seiner Weise
Das neue Jahr göttlich selber zu machen.

Es schlägt zwölfe

Erich Kästner

Der Dezember

Das Jahr wird alt. Hat dünne Haar.
Ist gar nicht sehr gesund.
Kennt seinen letzten Tag, das Jahr.
Kennt gar die letzte Stund.

Ist viel geschehn. Ward viel versäumt.
Ruht beides unterm Schnee.
Weiß liegt die Welt. Wie hingeträumt.
Und Wehmut tut halt weh.

Noch wächst der Mond. Noch schmilzt er hin.
Nichts bleibt. Und nichts vergeht.
Ist alles Wahn. Hat alles Sinn.
Nützt nichts, daß man's versteht.

Und wieder stapft der Nikolaus
durch jeden Kindertraum.
Und wieder blüht in jedem Haus
der goldengrüne Baum.

Warst auch ein Kind. Hast selbst gefühlt,
wie hold Christbäume blühn.
Hast nun den Weihnachtsmann gespielt,
und glaubst nicht mehr an ihn.

Bald trifft das Jahr der zwölfte Schlag.
Dann dröhnt das Erz und spricht:
»Das Jahr kennt seinen letzten Tag,
und du kennst deinen nicht.«

Isabella Nadolny
1. Januar

Warum nur sind die Kirchenglocken im Radio, die das neue Jahr einläuten, so ergreifend, viel ergreifender als etwa Beethovens Neunte? Nun, weil man dabei den Atem der Zeit wirklich zu hören meint, aus Ehrfurcht vor dem Alter dieser erzenen Bässe und Tenöre? Oder weil die Phantasie den nächtlich-kalten, leeren Platz, auf dem sie stehen, so deutlich sieht, die kalkigweißen Straßenlaternen, den hohen Turm, der sich nach oben im Dunkeln verliert?

»Sehr rührend«, sagte jemand ganz Gescheites von oben herab, als er Feuchtigkeit in meinen Augen bemerkte. »Die Tränen beim Sekt«, sagte ich, »kommen daher, mein Herr, daß immer die Kohlensäure in die Nase steigt.«

Friedrich Rückert
Neujahrslied

Wir machen unsre stille Runde
Das Dorf entlang,
Und tun zur mitternächt'gen Stunde
Den Abgesang.
Ein altes Jahr entschwebet,
Wie sich der Hammer hebet

Zum zwölften Klang;
Weg ist's auf immerdar!
Nun bringen wir ein neues Jahr,
Ein beßres, als das alte war.

Wo sich die Wohnung hat bereitet
Zufriedenheit,
Und drinnen sich ihr Bett gebreitet
Die Einigkeit,
Wo sich von Tag zu Tage
Mit Arbeit ohne Klage
Gibt das Geleit
Ein treu verbundenes Paar,
Dem wünschen wir ein neues Jahr,
Ein gutes, wie das alte war.

Wo die gedrängte Scheuer füllt
Der Garben Schwall,
Und nicht aus Futtermangel brüllt
Die Kuh im Stall,
Am Herde weitgebauchet
Der Kessel täglich rauchet,
Den derb und drall
Umlagert Kinderschar;
Da wünschen wir ein neues Jahr,
Ein gutes, wie das alte war.

Wo unverträglich mit der Angel
Die Türe knarrt,

Wo fauler Müßiggang dem Mangel
Entgegenharrt,
Wo am zerzausten Rocken
Die wunden Finger stocken,
Von Frost erstarrt,
Wo Holz und Licht ist rar;
Da wünschen wir ein neues Jahr,
Ein beßres, als das alte war.

Die unbeschränkten Wünsche dehnen
Ins Nichts sich aus,
Doch Überfluß von Kummertränen
Ertränkt ein Haus;
Da ist Genüg' und Frieden,
Wo jedem ist beschieden
Sein Teil zum Schmaus.
Das werd' auf Erden wahr!
So wünschen wir ein neues Jahr,
Ein beßres, als das alte war.

TRUDE MARZIK

Silvesterspruch

Hört, ihr Freunde, laßt euch sagen:
Wieder hat es zwölf geschlagen!
Jahr für Jahr, am gleichen Tage
stellt man sich die bange Frage:

Was das neue Jahr wohl bringt,
ob es glückt, ob es mißlingt.
Wenn im Sekt die Perlen brausen,
fühlt man leichtes Nabelsausen.
Freunde, blickt getrost nach vorn,
blickt zurück auch, ohne Zorn!
Denn das jüngst vergangne Jahr
war, na, sag'n wir, annehmbar.
Manches war zwar nicht vonnöten,
und nicht oft konnt' man mit Goethen
ums Verweiln der Stunde flehn,
weil der, die und das so schön.

Als wir jung und knusprig waren,
Himmelsstürmer, süße Narren,
glaubten wir von jedem Jahre:
diesmal bringt's das Wunderbare!
Ruhm und Geld und noch mehr Ehre,
große Liebe, Weltkarriere!
Mählich lernt man sich bescheiden,
nippen an den kleinen Freuden.
Die Gesundheit wird dann wichtig.
Drum: lebt brav, ernährt euch richtig!
Arbeit, das sieht jeder ein,
muß gewissermaßen sein.
Hält sie ein erträglich Maß,
macht auch Arbeit manchmal Spaß.

Neujahrswünsche

Willi Fährmann
Zum neuen Jahr

Wir wünschen euch ein gutes neues Jahr,
daß ihr vertragt den fetten Speck,
die frischen Eier und den weißen Weck,
daß ihr bezahlen könnt, was ihr gekauft,
daß ihr nicht häufig nach dem Doktor lauft
und Kummer, Sorgen, Tränen möglichst wenig,
das alles und für uns den Neujahrspfennig,
das wünschen wir zum neuen Jahr.

Fritz Müller-Partenkirchen
Neujahrsgratulanten

Zu meinem Vater kamen sie an Neujahr, weil er Geschäftsmann war, geschwaderweise, um zu gratulieren. Ich als kleiner Bub saß still im Hintergrund und stellte Stund um Stund statistisch fest, wer schon alles unsere Tür aufgerissen hatte, um mit ausgestreckter Trinkgeldhand zu brüllen:

»Und a glickseligs Neujahr taaten wir Ihnen halt aa winschen, Herr Miller.«

Die Angestellten waren alle da gewesen, die Briefträger hatten ihr »glickseligs neies Jahr« abgeladen, der Haarschneider desgleichen, dann der Milchmann, dann des Milchmanns Frau, dann die Kinder des Milchmanns, dann die Laternenanzünder, dann – wer zählt die Völker, nennt die Namen –

Ganz am Ende – die Statistik war schon abgeschlossen – stapfte es nochmals vier- oder sechsstiefelig herein: »Und a glickseligs Neijahr taaten wir Ihna halt aa winschen, Herr Miller.«

»Wer sind Sie denn, meine Herren?«

»Wir? Wer mir san? Ja mei', wer soll'n mir denn sei'! D'Laternenanzünder san mir halt.«

Darauf der Vater mit einem Blick in meine Statistik: »Die Laternenanzünder? Hm, mir scheint, die haben heut schon gratuliert.«

So, jetzt waren sie gefangen, jetzt würden sie verlegen ihre Hüte drehen.

»Da werd'n S' Ihna aber irr'n Herr Miller – wissen S', mir san *die* Laternenanzünder, die wo die Laternen auslöschen tean.«

Laternenanzünder gibt es heute nicht mehr. Keine anzündenden und keine auslöschenden. Alles das macht heute eine seelenlose Uhr im Innern der Laterne. Aber was sie nicht macht – was Gott sei Dank die Technik noch nicht fabrizieren kann –, das ist Humor, gewollter oder ungewollter. Wir möchten ihn nicht missen, zu Neujahr wenigstens, selbst wenn er auf unsere Kosten geht und irgendein Laternenanzünder uns ein Lichtlein, ein vergnügtes, aufsteckt.

Ernst Heimeran

Fest gewünscht ist halb gewonnen

In den Märchen greift der, der wünschen darf, immer daneben. Nur in den Märchen? Beantworten Sie sich jetzt selber rasch die Frage, was Sie sich am meisten wünschen...

Nun, haben Sie Gesundheit gewünscht oder sonst ein wirkliches Gut? Weit gefehlt. Eine Reise ist dabei herausgekommen, ein Haus, der Besitz einer geliebten Sache oder Person. Verderblich ist es, unstet zu wünschen, bald dies, bald das, gleich einem unerzogenen Kinde. Es gibt viele solche erwachsene Kinder, die können an keinem Grundstück, an keinem Bild, an keinem Laden vorübergehen, ohne zu wünschen: Das möchte ich haben. Sie sagen das nicht aus bloßer Bewunderung, sondern wirklich sauren Gesichts. Sogar von Menschen denken sie: den möchte ich haben. Haben sie aber einmal, was sie wünschen, so sieht man sie schon wieder nach allen Seiten verdrießlich Ausschau halten. Dagegen setzt sich der, der seinen Wünschen eine feste Richtung gibt, nicht nur in den Genuß des Wünschens, sondern meist auch des Gewünschten.

Denn wirklich: Fest gewünscht ist halb gewonnen. Auch anderen gegenüber. Wir wünschen ja nicht für uns allein. Wir wünschen Gutes nach vielen Seiten. Kraft wohnt freilich nur dem Wunsch inne, der von ganzem Herzen kommt. Nicht jeden »Guten Morgen« können wir mit so gesammelter Kraft wünschen. Aber jeder Wunsch sollte wenigstens in der Form etwas Persönliches verraten. Es ist kein Wunder, wenn das neue Jahr kein gutes wird, wenn man es nur auf vorgedruckten Karten wünscht. Jahre legen auf Drucksachen ebensowenig Wert, wie wir selber.

HANNS VON GUMPPENBERG

Neujahrsgruß

Ein Jahr ist nichts, wenn man's verputzt,
Ein Jahr ist viel, wenn man es nutzt.
Ein Jahr ist nichts, wenn man's verflacht,
Ein Jahr war viel, wenn man's durchdacht.
Ein Jahr war viel, wenn man es ganz gelebt,
In eigenem Sinn genossen und gestrebt;
Ein Jahr war nichts, wenn man sich selbst verlor,
In irrem Zug zu fremden Fahnen schwor,
Das Jahr war nichts, bei aller Freude tot,
Das uns im Innern nicht ein Neues bot.
Das Jahr war viel, in allem Leide reich,
Das uns getroffen mit des Geistes Streich!
Ein leeres Jahr war kurz, ein volles lang;
Nur nach dem vollen mißt des Lebens Gang.
Ein leeres Jahr ist Wahn, ein volles wahr.
Sei jedem voll dies gute Neue Jahr!

Jahreswechsel 1900–2000, in und von Bayern erlebt und vorausgeschaut

Viktor Mann
Fin de siècle

Mit großer Anschaulichkeit schildert der jüngste Bruder von Thomas und Heinrich Mann, Viktor Mann, die Geschichte seiner Familie in dem Buch »Wir waren fünf«. Seine in München verbrachte Kindheit spielt darin eine große Rolle. Das nachstehende (ein wenig gekürzte) Kapitel »Fin de siècle« führt uns in die Silvestergesellschaft seiner ›Mama‹ beim Jahrhundertwechsel 1899/1900.

I

»Derfst du aufbleib'n?« fragte mich der Huberkatsche. Ich stellte dem Köglfranzl dieselbe Frage, und die Jägerlottl wollte vom Schmatzkarl das gleiche wissen. Aber keiner konnte eine bestimmte Antwort geben.

Es drehte sich darum, ob die Großen uns erlauben würden, mit wachen Sinnen in das neue Jahrhundert zu gehen, oder ob wir unerhörterweise gezwungen werden sollten, die Silvesternacht zum 1. Januar 1900 zu verschlafen wie eine ganz gewöhnliche Nacht. Für diesen Fall waren wir zu wildester Rebellion entschlossen.

Aber es kam nicht zum Äußersten, denn jeder einzelne behauptete daheim so glaubwürdig und aufdringlich, daß alle, aber auch wirklich alle anderen ganz bestimmt aufbleiben dürften, daß schließlich die Jugend der Herzogstraße auf der ganzen Linie siegte.

Schon lange hatten wir uns nach dem Muster der Erwachsenen leidenschaftlich mit der Frage beschäftigt, ob 1900 oder erst 1901 das neue Säkulum einleiten werde, denn es gab schweren Streit hierüber.

Die Zeitungen schrieben: »... einerseits freilich ... andererseits aber ...« Pedantische Gelehrte wiesen bei Rundfragen langatmig nach, daß vor der exakten Wissenschaft erst die Zahl eins die große Wende bedeuten könne. Künstler, Staatsmänner, Stadtoriginale gaben in Interviews grundverschiedene Meinungen von sich, und ein populärer Komiker plädierte für zweimaliges intensives Feiern, mit welchem schlauen Verfahren man das richtige Jahrhundertsilvester auf jeden Fall erwischen könne.

Das Volk aber wollte nicht bis 01 warten. Es hatte genug vom neunzehnten Jahrhundert und verlangte den sofortigen Anbruch des zwanzigsten. In diesem Wunsch waren sich die Brauer und Wirte mit ihren Konsumenten und Gästen, die Fabrikanten von Feuerwerk, Luftschlangen, Gummischweinen und Glückwunschkarten mit Zwischenhändlern und künftigen Verbrauchern völlig einig.

Genosse Jäger, der sich als selbständiger Denker seine Meinung noch vorbehalten hatte, wurde spontan ein wütender Verfechter von 00, als sich Wilhelm II. für 01 aussprach. Ich war zugegen, als der rote Gemüsehändler seiner Familie die Meinungsäußerungen des Monarchen aus der »Münchener Post« vorlas. Er hieb plötzlich auf den Tisch und schrie, jetzt ginge ihm ein Licht auf! Der Tyrann wolle das Jahrhundert der Knechtschaft um ein Jahr verlängern! Ja, Schnecken!! Gerade daran erkenne der Aufgeklärte die Wahrheit.

Und die heiße: Mitternacht 1899 auf 1900. »Und wir derf'n aufbleib'n, gel Vata?« plärrte die Jägerlottl. Der strenge Vater brüllte: »Jawoi! Grad mit Fleiß!«

Ich war mit Mama zu einem Kompromiß gekommen: Bis neun Uhr sollte ich bei den Erwachsenen sein und dann im Wohnzimmer bis kurz vor Mitternacht schlafen (»in voller Kleidung« hatte ich ausbedungen). Ich würde rechtzeitig geweckt werden und den großen Übertritt dann ausgeruht in vollen Zügen genießen dürfen.

Da lag ich nun im Wohnzimmer und schlief natürlich keineswegs. Im Nebenraum saßen Mama, die Schwestern und ein kleiner, spitzbärtiger, sehr netter Herr, der schon fast zur Familie gehörte: Doktor Josef Löhr, genannt »Jof«, Julias Bräutigam und also mein künftiger Schwager. (...)

Es waren noch mehrere andere Leute bei Mamas Silvestergesellschaft, aber ich entsinne mich ihrer nicht mehr mit Bestimmheit. Die Brüder waren jedenfalls zu meinem Leidwesen nicht unter ihnen. Heinrich, der im vergangenen Frühjahr in Bad Brunnenthal, einem Sanatorium am waldigen Hang des rechten Isarufers, gelebt hatte, war wohl wieder draußen in der Welt, in Paris oder Rom. Der Einjährig-Freiwillige Thomas hatte sich bei den »Leibern« ein Fußleiden zugezogen, das nach Revier- und Lazarettaufenthalt zu seiner Entlassung in die Freiheit führte. Ich glaube, daß er schon vor Weihnachten aufatmend wieder Zivilist geworden war. Er verbrachte den großen Silvesterabend vielleicht bei Bekannten oder mit ein paar Freunden in seiner Wohnung an der Marktstraße (...)

Bei meinem ersten Besuch roch Ommos Wohnung nach frischer Ölfarbe. Aber schon beim nächsten stieg mir ein geheimnisvoll-altvertrautes Aroma in die Nase. Es war jener leise Duft nach edlen Zigarren und ägyptischen Zigaretten, den ich als Kind in der Rambergstraße vor dem Lübecker Rauchschränkchen mit dem Begriff »Papa« identifiziert hatte, noch bevor ich wußte, was Tabak sei.

Der Geruch zog mich sofort wieder in seinen mystischen Bann. Darum suchte ich auch schnuppernd nach ihm, als ich Heinrich in Bad Brunnthal besuchte. Aber sein elegantes Zimmer roch nur frisch und sauber nach gutem Hotel. Er rauchte nämlich damals wenig oder nichts.

Heinrichs Schreibtisch kam mir wesentlich komfortabler vor als der in der Marktstraße. Es standen kleine antike Statuetten darauf – auch eine römische Wölfin, die ich zuerst für eine Hündin mit Jungen hielt – und dazu Photographien von wunderschönen Damen. Ich durfte aus einem exotisch anmutenden kleinen Steinkrug verzuckerten Ingwer naschen und tat dies so ausgiebig, daß Mama auf dem Heimweg durch den Englischen Garten ihre liebe Not mit mir hatte, denn ich spie mir fast die Seele aus dem Leibe.

Es war also auch bei Heini sehr schön gewesen, aber der aus unserer eigenen Wohnung gewichene kleine Geruch »Papa« war jetzt zu Ommo gezogen. Ein krauser Gedankengang, über den ich natürlich mit niemanden sprach, gab mir die undeutliche Impression, Papas »Geist« sei deshalb in die Marktstraße übergesiedelt, weil er bei einem Mann sein wolle und Heini ja soviel verreist war, während Ommo sich niedergelassen, eingerichtet, etabliert hatte und guten Tabak liebte, in dessen Rauch der Geist sich wohl fühlte. Außerdem schrieb der zweite Sohn ja die »Buddenbrooks«, in denen Papa selbst – sogar unter seinem Namen Thomas – vorkam.

Ich wußte aus Familiengesprächen über alte Zeiten, was »sich etablieren« bedeutete. Und ich sah in Thomas' Wohnung mit dem Arbeitstisch die Etablierung einer – ja, wie sollte man das nennen? – Ganz im geheimen nannte ich es »Schriftstellerei«.

An all das dachte ich auch in der Silvesternacht im Wohnzimmer, aus dem die Weihnachtsbescherung mitsamt den geplünderten kleinen Lichterbäumchen schon weggeräumt war, in dessen Erker aber die große Tanne noch in vollem Prunk stand. Eine Lampe brannte, denn das entsprach einem Punkt meines gentleman-agreements mit Mama.

Im Nebenzimmer las jetzt Schwager Jof lustige Geschichten in Frankfurter Mundart vor, die von einem Lehrling der Textilbranche handelten. Ich hörte etwas von »gestreiftem, kariertem und gedibbeltem Kattun« und das Lachen der Runde.

Nein, mit dem Schlafen war es nichts. Höchstens Babys konnten schlafen, wenn es in ein neues Jahrhundert ging. Napoleon Jäger vielleicht mit seinem Bierschnuller, aber ich nicht.

Ich erhob mich leise und schlich zum Tisch. Da lag die neue Nummer des »Simplizissimus«.

II

Meine Zuneigung zum »Simpl« ist eine Jugendliebe auf den ersten Blick gewesen, der ich ohne Schwanken treugeblieben bin bis zur letzten Ausgabe anno 33, die eine mit wütenden Strichen hingehauene Hitlerkarikatur enthielt und von den neuen Machthabern sofort verboten, konfisziert und eingestampft wurde. Was dann noch unter dem Namen dieses besten satirischen Blattes der Welt bei uns erschien, war Kastratentum.

1896 war die Zeitschrift gegründet worden und hatte sofort Sensation erregt. Daß ihr scharfer Kampf gegen alle Reaktionäre, Muffige, Korrupte, Lächerliche oder Heuchlerische, gegen »neuen Kurs«, Militarismus, Parteischacher und Klassenjustiz sie nicht schon nach kurzer Zeit der völligen Vernichtung durch die damals bei uns herrschenden Gewalten anheimfallen ließ, hat mir immer bewiesen, daß es mit der Pressefreiheit in Deutschland bis 1914 weniger schlimm stand, als man heute gemeinhin annimmt; ja, daß der Geist damals mächtiger war als später, wo Parteien, Reichsverbände und Konzerne, offen und anonym, immer brutalere Büttel und Vorläufer des Schlimmsten wurden.

Ich habe den »Simpl«, soviel ich mich erinnere, um 1898 zum erstenmal gelesen. Thomas hatte ihn ins Haus gebracht, es wurde viel über das Blatt debattiert, und wenn man es mir auch nicht gerade in die Hand drückte, wie die »Jungenblätter«, so war mir seine Lektüre doch wenigstens nicht ausdrücklich verboten.

Mein Interesse war aufs höchste gestiegen, seit Thomas – um 1899 – in die Redaktion des »Simplizissmus« eingetreten war. Er betätigte sich dort als Lektor, aber ich bildete mir ein, daß Ommo eine Art Häuptling aller dieser Zeichner und Dichter sein müsse, deren Zusammenarbeit mein Leibblatt hervorbrachte. Der »Simpl« gehörte für mich jetzt zur Familie.

Die Silvesternummer 1899 hatte ich mittags kurz angesehen. Jetzt, am Wohnzimmertisch, nahm ich sie genau vor.

Die Redaktion hatte keine Sonderausgabe zusammengestellt, wie sie schon wenige Jahre später wegen viel unwichtigerer Ereignisse herausgebracht wurde. Vom neuen Jahrhundert war überhaupt nur in einem langen Gedicht die Rede, das mit »Hase« unterzeichnet war – wenn ich mich nicht irre, einem »nom de guerre« des jungen Ludwig Thoma.

Das Poëm begrüßte das 20. Jahrhundert mit großen Worten. Es ließ Sehnsuchtsbrände auf der Zukunft Brandaltar erglühen, den Morgen auf rosaroten Flügeln nah'n und alte Schmerzen nebst alten Gespenstern im alten Moderstaub versinken. »Es war eine lange, dunkle Zeit«, hieß es weiter, »jetzt endlich soll sie sterben und uns eine lachende Ewigkeit im Sonnenschein erwerben.«

Ich las das Gedicht mehrmals hintereinander und freute mich immer mehr auf das herrliche neue Jahrhundert. (...)

Dann ging ich zu den Anekdoten über. Ich lächelte überlegen bei der kleinen Geschichte von der Gouvernante, die sich vor ihrer Hochzeit vom zwölfjährigen Mariechen mit dem Hinweis verabschiedet, daß sie übers Jahr vielleicht schon den Storch erwarten dürfe, worauf Mariechen sagt: »Den Storch? Na, Sie werden sich wundern!« Und ich fand es »pfundig« vom »Simpl«, daß er dumme Erwachsenenlügen durch Zwölfjährige verhöhnen ließ. Das taten Isabella Brauns »Jugendblätter« nie.

Nach den Bildern und Texten kam der Annoncenteil. Die Anzeigen waren alle klein und bescheiden in der Aufmachung, aber groß in ihren Versprechungen, und jede bot die schönsten Dinge zu niedrigsten Preisen an. Sie waren wirklich niedrig, diese Preise, wie ja auch der »Simpl« selbst nur zehn Pfennige kostete. (...)

Über den Bücherannoncen dieser letzten Seite (...) war ich eingeschlafen, den Kopf auf den Armen.

III

»Es ist doch unglaublich!« sagte Mama, als sie mich so fand. Aber sie war zu froh gelaunt, um weiter zu schelten.

Ich war mit einem Ruck hellwach und wurde im Nebenzimmer mit Hallo empfangen. Roter, süßer Punsch dampfte in der riesigen Kristallterrine; braune Kuchen, Marzipan und Neujahrskrapfen waren überall aufgebaut, und die Erwachsenen waren sichtlich in Hochstimmung. Ich hatte Hunger und konsumierte eine Menge guter Dinge in dieser letzten Viertelstunde des 19. Jahrhunderts. Dann zog alles Mäntel an, und die Balkontüren wurden geöffnet. Ich hatte zwei Gläser Punsch sehr schnell ausgetrunken und daher die Stimmung der Großen sehr schnell eingeholt und überrundet, aber Jof mahnte, seine – natürlich ganz besonders genau gehende – Uhr in der Hand, zur Ruhe, damit wir es von den Türmen schlagen hören konnten.

Die Straße war laut, verstummte aber jetzt auch. Eine absolute Stille hielt genau bis zum letzten Mitternachtsschlag an, dann brach draußen der Lärm einer lustigen Hölle los.

In unserem Zimmer umarmte Josef seine Braut, die dabei trotz Zärtlichkeit die Haltung einer Königin bewahrte. Dann küßte Mama ihre Kinder und den neuen Sohn reihum. Sie hatte Tränen in den Augen, hob ihr Glas und sagte, während draußen die ersten Raketen krachten: »Auf das Glück unseres lieben Brautpaares und auf den Erfolg unserer beiden Dichter!« »Und Carla wird Hofschauspielerin!« schrie ich, mein drittes Glas mit beiden Händen haltend. Die Schwester stieß lachend mit mir an. Sie war doch das netteste Mädchen, das ich kannte, wenn sie auch schon so alt war. Seit September achtzehn Jahre!

Wir traten alle auf den großen Balkon, und Carla mußte mich halten, damit ich nicht über die Brüstung fiel vor Begeisterung, denn drunten ging es herrlich zu. Ringsum zischten Raketen hoch, auf der Straße schossen feurige Knallfrösche im Zickzack; mißtönende Karnevalstrompeten quiekten, aus einem Wirtshaus rechter Hand tönte der »alte Peter« und von links der ganz neue Schlager »Mein Herz, das ist ein Bienenhaus«. Von der Leopoldstraße her erscholl ebenfalls festliches Getöse; ein Feuerwerk ließ riesenhaft am Himmel die magische Zahl 1900 erscheinen, und über all dem schwangen feierlich die Glocken von den Türmen.

Aus den Fenstern der Nachbarschaft winkten Menschen mit Gläsern und Maßkrügen. Wir wurden von allen Seiten begrüßt, und von der Mansarde des Köhnhauses rief Onkel Kögl, das Trambahnoriginal, herüber: »Prost, Frau Senatter, jetzt kemma hundert zünftige Jahr!«

Der Köglfranzl drängte sich daneben hervor und hatte doch richtig auch ein Punschglas in der Hand wie ich. Wir brüllten uns die Jahrhundertwünsche zu, und Mutter Schmatz, die als Zugeherin alles über die »Herrschaften« wußte, ließ inmitten eines Gewimmels vor dem Jägerhaus schrill unser Brautpaar leben, was Schwager Jof ein Goldstück kostete.

Der nächtliche Himmel strahlte vom Widerschein der illuminierten Stadt. München leuchtete.

Max Dauthendey

Silvester 1914

Neunzehnhundertvierzehn, hast ausgekämpft,
Sie nennen dich laut, mancher gedämpft.
Manchen drückst du die Kehle eng.
Blutiges Jahr, wie warst du so streng!

Kinder, die einst zur Schule gehn,
Werden dich groß im Geschichtsbuche sehn.
Greise, die nachmals die »Vierzehn« nennen,
Werden dich blitzenden Auges noch kennen.

Ward je ein Jahr in die Erde begraben,
Wie du, Jahr voll schwarzer, gemästeter Raben!
Lachte eines so herrlich den Kühnen,
Wie du, dem noch winters die Lorbeeren grünen!

Drückst der »Fünfzehn« den fressenden Brand
Wild zum Willkomm in die Jugendhand.
Salven krachen zum letzten Gruß.
Tod mäht weiter beim Jahresschluß.

THOMAS MANN

Silvester 1933

Zürich-Küsnacht

Sonntag den 31. XII. 33

Arbeitend wenig zustande gebracht, wie jetzt gewöhnlich. Spaziergang mit K.. Konnte nachmittags nicht ruhen. Überaus müde. Dr. Bloch und Herzog zum Thee, dann Erika. Erwarten Reisiger zum Abendessen, und man wird eine noch vorhandene Flasche Champagner leeren.

Der Zustand meiner Nerven, meines Gemütes, in dem ich das Jahr beschließe, ist wenig hoffnungsvoll. Es ist ein Zustand von Müdigkeit, geistiger Mattigkeit, Überdruß, der, könnte er von außen gesehen werden, wohl sein Bedenkliches hätte. –

Abendessen mit Erika und Reisiger. Ich hatte guten Appetit und trank zwei Gläser Sekt. Man zündete nachher den Weihnachtsbaum wieder an und trank Punch. Man lachte sehr über einen imbecilen Brief meiner Cousine Anne-Marie an K. Nach E.'s und R.'s Weggang hörte ich das von Menuhin gespielte Konzert von Mozart.

Es ist halb 12. Die Glocken läuten. Ich habe, was mir immer ein bedeutender Moment ist, den neuen Kalenderblock eingespannt, und es freut mich, daß diesmal die Festtage rot sind.

Es kamen heute Briefe von Born, der Herz und Kiefer. Ich gehe schlafen. Welches Jahr seit Februar. Mein Heimweh nach dem alten Zustande ist übrigens gering. Ich empfinde fast mehr davon für Sanary, das mir im Rückblick als die »glücklichste« Etappe dieser 10 Monate erscheint, und nach meiner kleinen Stein-Terrasse am Abend, wenn ich darauf im Korbstuhl saß und die Sterne betrachtete.

LEO SLEZAK

Neujahrsbrief eines besorgten Vaters

In dem von seinem Sohn, Walter Slezak, herausgegebenen Buch »Mein lieber Bub, Briefe eines besorgten Vaters« sind die Briefe gesammelt, die der berühmte Tenor und Filmschauspieler Leo Slezak in den Jahren 1934–1946 an seinen in Amerika lebenden Sohn schrieb. Nachstehend der Neujahrsbrief vom Jahre 1941.

Neujahr 1941

Mein Gott, war das eine Aufregung, heute vormittag, als das Fräulein am Telefon sagte, ob ich sprechbereit sei, es sei Walter Slezak in New York am Telefon. Es durchfuhr das ganze Haus wie ein elektrischer Schlag. Einesteils waren wir selig, andernteils wieder voll Sorge, daß Du, armer Kerl, so viel Geld für ein Telefongespräch ausgibst. Wir rührten uns nicht vom Schalter weg, keiner von uns traute sich aufs Klo zu gehen, als aber das Warten immer länger wurde, erkundigte ich mich nach drei Stunden und hörte, daß das Gespräch nicht durchkommen konnte. Mami und mir fiel ein Stein vom Herzen, denn so rührend und beglückend es wäre, Deine liebe Stimme zu hören, so sagten wir uns, daß es doch viel besser so ist, als daß Du das viele Geld ausgibst und daß wir dann vor lauter Aufregung herumstottern die drei Minuten, man kann sich ja doch nichts Rechtes sagen, man fragt sich ganz blöd, wieviel Uhr es ist und wie das Wetter drüben ist. Ich machte mir gleich einen Zettel, was ich Dich alles fragen will, aber ich wäre sicher nicht dazu gekommen vor Ergriffenheit. Warst Du mit Mady am Heiligen Abend nicht zusammen? Wir haben uns gestern sehr gefreut, als Dein Kabel Eure beiden Namen trug. Mein Gott, wie gerne wüßte ich, ob Du Post von mir bekommst. Denn wie man allgemein sagt, ist der Postweg nur über Sibirien möglich. Die Flugpost nur bis Moskau, von da ab den langen normalen Weg.

Um Dir auch noch das Allerneueste zu berichten: Es wurde heute laut Verordnung des Reichsdatumsleiters das Jahr 1940 zum Jahr 1941 befördert, worüber allgemeine Freude herrscht und wofür wir dem Führer auf den Knien danken. Sonst gibt es nichts Neues, was vorgefallen wäre, das Freude macht.

Werner Finck
Silvesterrede 1945

Friedrich Luft, der Berliner Theaterkritiker, sagt über seinen Freund Werner Finck, dessen Wirken er in der Zeit des Nationalsozialismus in seinem berühmten Kabarett »Die Katakombe« hautnah miterlebte: »Man ging mit lustvollem Schauder zu erleben, wie er auf's Seil ging ohne Netz. Er war darauf aus, den braunen Herrschenden ein Ärgernis zu sein... Er schlug mit halben Sätzen um sich. Er hatte die List erfunden, etwas zu sagen – und es doch nicht zu sagen... Er teilte denen, die Ohren hatten zu hören und die hören wollten, Wahrheit mit, Erkenntnis, Spott, Hohn und die Aufsässigkeit einer tapferen Verzweifelung an den Weltläufen, die uns alle betroffen hatten. Er ist in die Lager und die Gefängnisse gegangen. Er hat nie klein beigegeben.«

Am Ende des Zweiten Weltkrieges und danach ließ Werner Finck seiner Begabung und Lust an Wortspielen und pointierten Aussagen mit ernstem politischen Hintergrund weiter freien Lauf. Seit 1954 tat er dies in München, wo er der Stadt auf Befragen der Süddeutschen Zeitung eine Prognose für das Jahr 2000 stellte.

Ein Jahr ist wieder einmal unterm Hammer: »Tausendneunhundertfünfundvierzig zum ersten...« Keiner bietet mit. »Zum zweiten – und zum...«

»Neunzehnhundertsechsundvierzig!« ruft endlich einer. Und dann alle: »Neunzehnhundertsechsundvierzig!«

Können wir Deutschen diesem fünfundvierzigsten

Produkt des zwanzigsten Jahrhunderts eine Träne nachweinen? Nein, denn wir haben keine mehr. ·

Mit diesem Jahre, meine lieben Freunde, geht ja so sehr viel mehr zu Ende als ein Jahr. (Wer rief da eben: Unsere Vorräte? Die gehen wohl erst im nächsten zu Ende.) Ich wollte sagen, nicht ein Jahr allein, sondern zweimal sechs Jahre sind abgelaufen. Sechs Jahre Frieden (Ah, man hat vergessen, Denkmäler zu errichten für die Gar-nicht-genug-Krieger dieser Friedensjahre, Kriecherdenkmäler...) Und sechs Jahre Krieg. Gegen Europa sind wir damals ausgezogen, für Europa werden wir jetzt ausgezogen.

Am Anfang dieses Jahres waren wir noch reich. Ich buchstabiere jenes Reich: R Wie Ruhmsucht, E wie Eitelkeit, I wie Irrtum, C wie Cäsarenwahn, H wie Heroeninflation. Jetzt am Ende sind wir das Gegenteil von reich. Es ist längst Wirklichkeit geworden, was vor ein paar Jahren als Flüsterwitz kursierte: Daß ein Optimist gesagt: »Nach dem Kriege werden wir alle betteln gehen«, und ein Pessimist geantwortet hätte: »Bei wem denn?« O du traurige, o du armselige, schadenbringende Nachkriegszeit.

Unser Schicksal steht auf der Kippe, und vielen wird die Kippe zum Schicksal. Und wenn sie nur zu einem Zuge reicht, so ist das gleich ein Luxuszug, der durch die Lunge fährt wie durch die Riveria. (Ein neuer Opernfilmstoff für Leni Riefenstahl: »Tiefstand«)

Alles stockt. Unser Absatzmarkt ist hin. Das einzige, was noch laufend abgesetzt wird, sind Pg's. Aber deren Devisen sind nun nichts mehr wert. (Wir kapitulieren nie! Der Sieg ist unser! Sieg oder Tod!) Nur die Schieber kommen voran, und nichts ist sicher vor ihnen. (Sollten heuer nicht sogar schon die Wahlen verschoben werden?) Wie wollen wir da unsere Schulden bezahlen?

Die Optimisten in Reinkultur singen zwar: »Es geht Dalles vorüber, es geht Dalles vorbei.« Aber die Pessimisten singen: »Wien, Wien, nur du allein, willst einen Siebzigmilliardenschein.« – O jeggerl, das Weaner Herz schlägt eisern zu. Wir sollen's wieder golden machen. Wenn uns dieser Phantasiepreis nur damals schon gesagt worden wäre – wahrhaftig, wir hätten ihnen ihren starken Mann aus Braunau bestimmt nicht abgenommen!

»Aber wir kommen schon wieder hoch«, sagte der Steuermann des gestrandeten Luftschiffes, als es explodierte.

»Es wird schon gehen«, sagte der Draufgänger und ging drauf.

Es wird noch manches Kopfzerbrechen geben über diese Frage, und wir Teutonen sind nun mal dran gewöhnt, eher einander die Schädel als einen vernünftigen Weg einzuschlagen.

Nun kommen sie auch schon wieder mit Ränken und Listen. Hie Föderalisten, hie Zentralisten. (Im Hintergrund mit Blechbrust und Schienen erscheinen Guelfen und Ghibellinen.)

Wollen wir nicht noch rasch ein Silvesterspielchen machen? Ich schlage das Echospiel vor vom »Bürgermeister von Wesel«.

Alter Scherz wird wieder jung. Mach doch mal einer die Türe auf zu diesem langen Gewölbe. Und jetzt rufen wir: »Wesel!«

(Habt ihr's gehört: »Esel«.) Nunmehr soll uns dieses Echo ein paar Fragen beantworten:

»Was könnte uns ein Zentner Zigaretten?« (Hört ihr's? »Retten.«)

»Was wäre Deutschland heute ohne Rosenberg und Streicher?« (»Reicher.«)

Aber still, lärmt es nicht schon draußen? Wieviel ist jetzt die Uhr? Verzeihung, ich vergaß – wir haben ja kaum noch welche. Früher gingen uns allenfalls die Uhren nach. Ei, so müssen wir eben aufpassen, was die Glocke geschlagen hat. Läuten sie nicht schon? Nein. Dann ist noch Zeit für eine kurze innere Sammlung. Endlich wieder einmal eine Sammlung, die restlos dem Friedenswerk zugeführt werden kann. Seid ihr gesammelt? So lasset uns deklinieren: »Der Mut, des Mutes, Demut.« So schnell und leicht wandelt sich das Glanzstück des Heldenstücks zum Hauptstück des Christentums, wenn der Humor die kleine Beugung des Mutes vornimmt. Mit Demut wollen wir uns – fast hätte ich gesagt: erheben. Das ist aber hierzulande ein zu gefährliches Stichwort für unsere Massen. Laßt uns also lieber sanft aufstehen von unseren bescheidenen Plätzen und unsere Bezugsscheine feierlich in die Hand nehmen, unsere Berechtigungsscheine für ein Sektglas. Noch nie waren wir so vorbereitet, das neugeborene Jüngste des alten Chronos trockenzulegen, ja trocken wie Henkell.

(Wein, Wein, nur du allein, brächtest uns selig ins Neujahr hinein.)

Das alte stürzt, und neues Leben – wollen wir hoffen. Aber wenn wir Pech haben, blühen uns neue Ruinen.

Hört, liebe Freunde, sie rufen es jetzt aus, das neue Jahr. Die Toren johlen und jubeln. Die Weisen lächeln und zittern.

Sei gegrüßt 1946! (Du hast eine angenehme Lizenznummer. Mit einer geraden Quersumme. Deine Vorderbeinchen ergeben eine Zehn und deine Hinterbeinchen auch eine.)

Laß uns in Frieden! Wende unsere Not, gib uns neue Illusionen!

Du sollst leben: Neunzehnhundertsechsundvierzig! Wovon allerdings, das wissen Gott allein und der Kontrollrat.

Werner Finck

Drei Fragen in der Silvesternacht Umfrage der Süddeutschen Zeitung 1957 bei Prominenten

Frage: Was können Sie nicht mehr hören?
Werner Finck: Das ewige Gerede von der Wiedervereinigung.

Frage: Was wollen Sie nicht mehr sehen?
Werner Finck: Ein geteiltes Deutschland.

Frage: Was können Sie nicht begreifen?
Werner Finck: Daß ich diese dritte Frage, deren Beantwortung ich mir schenken wollte, damit, daß ich Sie von meinem negativen Beschluß in Kenntnis setze, komischerweise nun doch beantwortet habe.

Werner Finck

München im Jahre 2000

Ende 1964, als der »Stachus« der (angeblich) verkehrsreichste Platz Europas war und die Münchner Polizei im Sommer den Schwabinger Krawallen mit Gummiknüppeln zu Leibe gerückt war, da fragte die Süddeutsche Zeitung – diesmal nicht in ihrer Weihnachts- oder Silvesterbeilage – sechs Fachleute, vom Politiker bis zum Architekten: »Wie sieht München im Jahre 2000 aus?« Sie fragte aber auch Werner Finck, der einen ausführlichen Situationsbericht ablieferte.

Um die Jahrtausendwende herum hat sich der dörfliche Charakter der Millionenstadt München, abgesehen von der riesigen Ausbreitung, eigentlich nicht so sehr verändert. Der im Februar 1985 – von der Schwabinger Polizei – niedergeschlagene Fußgängeraufstand gegen die Automobilisten (253 Personenkraftwagen, darunter ein spezieller Zebrastreifendienstwagen der Polizei, wurden damals demoliert, zum Teil sogar verbrannt), dieser Aufstand gab Wasser an die Mühle der Straßenbahnanhänger, denen die Autos schon immer ein Dorn im Auge waren; sie sind nie überfüllt, also verkehrspolitisch rentabel, sondern fahren oft nur mit drei bis vier den Neid der eingepökelten Straßenbahnbenützer herausfordernden nicht besetzten Plätzen.

Wir sehen also in der Innenstadt nur noch Straßenbahnen. In breiten Straßen, wie z. B. der Leopoldstraße, fahren sie sogar viergleisig. Die Trassen, ursprünglich für Autos gedacht, sind später auch mit Trambahnschienen versehen worden und das aus Sparsamkeitsgründen, weil eine weit voraussehende Stadtverwaltung sich allzu reichlich mit Straßenbahngleisen eingedeckt hatte; sie durften ja nicht verrosten!

Die von vielen Seiten immer stürmischer geforderte Verlegung des Flughafens steht im Jahre 2000 erneut zur Debatte. Man wird sich aber noch etwas gedulden müssen, bis eine alle Teile zufriedenstellende Kompromißlösung gefunden sein wird. Die Verhandlungen über die sofortige Inangriffnahme der 1964 projektierten unterirdischen U-Bahn standen dagegen noch nie so günstig wie in diesem Jahr, obwohl es 1999 einen bösen Rückschlag gab, weil die Bundesbahn daran gedacht hatte, ihre Beteiligung zurückzuziehen.

Was aber den Besuchern der bayerischen Hauptstadt – außer dem Bild von Franz Josef Strauß in allen Amtsstuben – am meisten auffällt, ist der Stachus. Hier ist man der schon sprichwörtlich gewordenen Verkehrsmisere mit solcher Gründlichkeit und Vehemenz zuleibe gegangen, hat den gesamten Verkehr hoch überbrückt oder im Untergrund vergraben, daß dort, wo noch vor vierzig Jahren in den Hauptverkehrszeiten chaotische Zustände herrschten, eine idyllische Grünanlage wurde. (In der Mitte des nicht mehr wieder zu erkennenden Stachus steht das Denkmal des unbekannten rücksichtsvollen Autofahrers.) Die hier verweilenden Menschen werden von keinem Fahrzeug aufgeschreckt, von keiner Hupe, nicht einmal von der Klingel eines Fahrradfahrers, weil dieser Platz für alle

Verkehrsmittel, aber auch für alle, verboten ist. Mit Ausnahme einer einzigen Straßenbahnlinie. Aber die kommt nur alle zehn Minuten hier durch auf dem neugestalteten Platz. Klingelt auch nicht, sondern läßt nur die ersten Takte des Liedes »Solang der Alte Peter...«

Dieser Alte Peter mußte leider (um 1900 herum?) abgerissen werden. Das Opfer einer Achse. Ost-West oder Nord-Süd. Irgend so was. Jedenfalls war diese Umgehungsstraße nicht zu umgehen. Natürlich ist der Alte Peter an anderer Stelle wieder aufgebaut worden, haargenau wie der Alte Peter. Aber der Alte ist eben doch nicht mehr. Im Jahr 3000 nach Christus sind wir aber wieder hier.

Zu guter Letzt: ein Wunsch- und Punschtraum

Erich Kästner

Der dreizehnte Monat

Wie säh er aus, wenn er sich wünschen ließe?
Schaltmonat wär? Vielleicht Elfember hieße?
Wem zwölf genügen, dem ist nicht zu helfen.
Wie säh er aus, der dreizehnte von zwölfen?

Der Frühling müßte blühn in holden Dolden.
Jasmin und Rosen hätten Sommerfest.
Und Äpfel hingen, mürb und rot und golden,
im Herbstgeäst.

Die Tannen träten unter weißbeschneiten
Kroatenmützen aus dem Birkenhain
und kauften auf dem Markt der Jahreszeiten
Maiglöckchen ein.

Adam und Eva lägen in der Wiese,
Und liebten sich in ihrem Veilchenbett,
als ob sie niemand aus dem Paradiese
vertrieben hätt.

Das Korn wär gelb. Und blau wären die Trauben.
Wir träumten, und die Erde wär der Traum.
Dreizehnter Monat, laß uns an dich glauben!
Die Zeit hat Raum!

Verzeih, daß wir so kühn sind, dich zu schildern.
Der Schleier weht. Dein Antlitz bleibt verhüllt.
Man macht, wir wissen's, aus zwölf alten Bildern
kein neues Bild.

Drum schaff dich selbst! Aus unerhörten Tönen!
Aus Farben, die kein Regenbogen zeigt!
Plündre den Schatz des ungeschehen Schönen!
Du schweigst? Er schweigt.

Es tickt die Zeit. Das Jahr dreht sich im Kreise.
Und werden kann nur, was schon immer war.
Geduld, mein Herz. Im Kreise geht die Reise.
Und dem Dezember folgt der Januar.

Die Autoren

Bertolt Brecht, 1898 in Augsburg geboren, gestorben 1956 in Berlin. Studium (Literatur, Philosophie und Medizin) in München. Emigrierte 1933 nach Dänemark, 1941 in die USA und kehrte 1948 nach Berlin zurück. Dramaturg am Deutschen Theater in Berlin, wo er 1949 das berühmte Berliner Ensemble gründete. Bedeutender Dramatiker und Lyriker mit starkem Einfluß auf die nächste Generation; kennzeichnend sein epischer Stil und die sozialrevolutionäre Tendenz.

Max Dauthendey, 1867 in Würzburg geboren, gestorben 1918 in Malang (Java). Beliebter deutscher Lyriker und Novellist, zunächst in der Nachfolge Stefan Georges stehend; unternahm viele Reisen durch Europa, Amerika und Asien, die sein Werk mit geprägt haben.

Fred Endrikat, 1890 in Nakel (heute Naklo/Polen) geboren, 1942 in München gestorben. Lebte in Berlin und München, schrieb vor allem witzig-satirische Lieder und Gedichte für literarische Kabaretts.

Willi Fährmann, 1929 in Duisburg geboren, studierte Pädagogik und war danach als Lehrer, Schulleiter und schließlich Schulrat tätig. Als Autor ist Fährmann vor allem mit seinen religiös- pädagogischen Schriften, u. a. im Bereich der Jugendliteratur, bekannt.

Rudolf Fernau, 1901 in München geboren, gestorben 1974 ebenda. Bekannt als Bühnen- und Filmschauspieler, der vor allem in klassischen Charakterrollen an den Staatstheatern in Berlin, Stuttgart, München und Düsseldorf erfolgreich war.

Werner (Walter) Finck, 1902 in Görlitz geboren, 1978 in München gestorben. Bedeutender deutscher Kabarettist, Schauspieler und Schriftsteller, erhielt 1935 von den Nationalsozialisten Berufsverbot und wurde zeitweise inhaftiert; nach dem Zweiten Weltkrieg vielseitige Tätigkeit bei Kabarett, Bühne und Film in Stuttgart, Hamburg und ab 1954 in München.

Oskar Maria Graf, 1894 in Berg am Starnberger See geboren, 1967 in New York gestorben, lebte bis 1933 in München (Mitglied des revolutionären Kreises um Kurt Eisner), emigrierte über mehrere Zwischenstationen in die USA. Deutscher Schriftsteller sozialkritischer Erzählungen und Gedichte sowie volkstümlich-humorvoller bayerischer Bauernromane und Novellen.

Hans (Theodor, Karl Wilhelm) von Gumppenberg, 1866 in Landshut geboren, 1928 in München gestorben. Sohn des Mundartdichters Karl von Gumppenberg, führender Theaterkritiker in München, Mitbegründer des Kabaretts »Die elf Scharfrichter«, Verfasser von Dramen und Parodien, die ihn bekannt machten.

Christian Friedrich Hebbel, 1813 in Wesselburen (Norderdithmarschen) geboren, 1863 in Wien gestorben. Einer der großen deutschen Dramatiker des 19. Jahrhunderts; stammte aus ärmlichen Verhältnissen, Studium (Jura, Geschichte, Literatur) in Heidelberg und München. Neben Dramen schrieb er auch Novellen, Gedichte und Tagebücher voller Selbstkritik, in denen sich die geistigen Auseinandersetzungen des 19. Jahrhunderts spiegeln.

Ernst Heimeran, 1902 in Helmbrechts/Ofr. geboren, gestorben 1955 in Starnberg. Zunächst Verleger aus Liebhaberei, daneben Studium und journalistische Tätigkeit, später ausschließlich Schriftsteller und Verleger, bekannt durch die humoristische Darstellung häuslich-familiärer und kulturhistorischer Themen.

Erich Kästner, 1899 in Dresden geboren, 1974 in München gestorben. Lehrerausbildung, nach dem Ersten Weltkrieg Germanistikstudium in Leipzig, Rostock und Berlin, Tätigkeit als Redakteur, dessen Schriften im Dritten Reich verboten wurden. Ab 1945 Redakteur der »Neuen Zeitung« in München, Mitarbeiter des literarischen Kabaretts »Die Schaubude«. Bekannt und beliebt durch seine Kinderbücher (z. B. Emil und die Detektive) sowie seine kritisch-satirischen Gedichte und Essays.

Thomas Mann, 1875 in Lübeck geboren, 1955 in Kilchberg bei Zürich gestorben; lebte von 1893 bis 1933 mit Unterbrechungen in München. Einer der großen Schriftsteller unseres Jahrhunderts, bekam 1929 den Nobelpreis für Literatur für den Roman »Buddenbrooks«; emigrierte 1933 in die Schweiz und 1938 in die USA. Professur in Princeton 1939.

Viktor Mann, 1890 in Lübeck geboren, 1949 in München gestorben. Jüngster Bruder von Thomas Mann, der mit seiner Mutter 1892 nach München kam, Kindheit und Jugend in München und Augsburg verlebte, Landwirtschaft studierte und während der NS-Zeit vorwiegend in München bei einer Bank tätig war; bekannt durch sein Buch »Wir waren fünf, Bildnis der Familie Mann«.

Trude Marzik (eigentlich Edeltrud Marczik), lebt in Wien. Sie verfaßte hauptsächlich Lyrik sowie Texte für Lieder und Chansons.

Hanns Christian Müller, 1949 in München geboren, studierte Psychologie, Philosophie und Geschichte. Besuch der Otto-Falckenberg-Schule, Tätigkeit als Autor, Komponist und Regisseur.

Fritz Müller-Partenkirchen, 1875 in München geboren, gestorben 1942 in Hundham/Obb., arbeitete 24 Jahre lang als Kaufmann und Handelslehrer, studierte anschließend Jura und Volkswirtschaft in Zürich und begann mit 38 Jahren mit der Schriftstellerei: vorwiegend heitere, gut pointierte Kurzgeschichten.

Isabella Nadolny, 1917 in München geboren, verheiratet mit dem Schriftsteller Burkhard Nadolny. Seit 1951 Verfasserin von Feuilletons und liebenswert-heiteren, vorwiegend autobiographischen Büchern.

Franz Graf Pocci, 1807 in München geboren, gestorben 1876 ebenda. Jurastudium in Landshut und München, Praktika in Starnberg und Dachau. Ab 1830 Intendant und Zeremonienmeister am Hof König Ludwigs I. Freies künstlerisches Schaffen als Lyriker, Karikaturist und Komponist. Bis heute berühmt durch seine »Kasperl-Komödien«.

Gerhard Polt, 1942 in München geboren, Studium nordischer Sprachen, der Politologie und Geschichte. Als Autor Zusammenarbeit mit Hanns Christian Müller.

Franziska Gräfin zu Reventlow, 1871 in Husum geboren, gestorben 1918 in Muralto/Tessin; ging 1892 nach einer gescheiterten Ehe nach München, um Malerin zu werden, wurde dort bald zum Mittelpunkt der in Schwabing angesiedelten Münchner Boheme. Ihre Romane, Tagebücher und Briefe verraten Humor, Ironie, geistigen Charme sowie große innere und äußere Freizügigkeit, mit der sie ihrer Zeit weit voraus war.

Joachim Ringelnatz (eigentlich Hans Böttcher), 1883 in Wurzen/Sachsen geboren, gestorben 1934 in Berlin. Seemann, Artist, Lyriker und Vortragskünstler, wurde 1909 Hausdichter im Schwabinger Künstlerlokal »Simplicissimus«. Nach 1918 vorwiegend in München lebend, zog 1929 nach Berlin. Seine oft skurrile Lyrik (Songs, Gedichte, Nonsensverse) zeugt von Humor, Menschenliebe und Weltverständnis.

Friedrich Rückert, 1788 in Schweinfurt geboren, gestorben 1866 in Neuses/Oberfranken. Studium (Jura und Philologie) in Würzburg und Heidelberg, lebte danach in Coburg, Erlangen, Berlin und Neuses; Professor für orientalische Philologie in Erlangen und Berlin. Nachdichtungen fernöstlicher Literatur, schrieb etwa

10000 Gedichte, von denen viele vertont wurden, z. B. die »Kindertotenlieder« durch Gustav Mahler.

Leo Slezak, 1873 in Mährisch-Schönberg geboren, 1946 in Rottach-Egern gestorben. Berühmter deutscher Tenor, der auf der Höhe seiner Laufbahn die Bühne aufgab und ein beliebter Darsteller komisch-liebenswerter Filmrollen wurde. Der Nachwelt hinterließ er seine mit köstlichem Humor gewürzte und von gütiger Lebensweisheit zeugende Autobiographie.

Ludwig Thoma, 1867 in Oberammergau geboren, 1921 in Rottach-Egern gestorben, Anwalt in Dachau und München, ab 1899 Redakteur beim »Simplicissimus«, ein aus dem Bayerischen und Bäuerlichen schöpfender Schriftsteller, der bis heute durch seine zahlreichen gegen Spießbürgertum und Untertanengeist gerichteten Satiren, Erzählungen, Romane und Dramen weithin bekannt ist.

Siegfried von Vegesack, 1888 in Blumbergshof bei Wolmar (Livland) geboren, 1974 auf Burg Weißenstein im Bayerischen Wald gestorben. Schriftsteller und Lyriker, der in seinen Romanen, Erzählungen und Gedichten vorwiegend seine alte und neue Heimat darstellte.

Georg von der Vring, 1889 in Brake (Oldenburg) geboren, gestorben 1968 in München. Ursprünglich Lehrer, später Schriftsteller und Lyriker. Die zweite Periode seines bedeutenden lyrischen Schaffens entfaltete sich in den fünfziger Jahren, in denen er nach München übersiedelte.

Helmut Zöpfl, 1937 in München geboren. Studium der Pädagogik, Philosophie und Germanistik, seit 1971 Professor für Pädagogik und Lehrstuhlinhaber der Universität München, bekannt und durch Kunstpreise geehrt wegen seiner Gedichtbände in bayerischer Mundart.

Quellennachweis

Bertolt Brecht	Wechsel der Dinge. In: B. B., Gesammelte Gedichte, Band 3. Suhrkamp Verlag, Frankfurt am Main 1967.
Max Dauthendey	Silvester 1914. In: M. D., Gesammelte Werke in sechs Bänden. Band 4, Lyrik und kleinere Versdichtungen. Verlag Albert Langen, München 1925.
Fred Endrikat	Silvesterfeier. In: F. E., Das große Endrikat-Buch. Lothar Blanvalet Verlag, München 1976.
Willi Fährmann	Zum neuen Jahr. In: W. F., Und leuchtet wie die Sonne. Geschichten für jeden Tag vom Martinsabend bis Dreikönige. Echter Verlag, Würzburg 1986.
Rudolf Fernau	Eine seltsame Begegnung in der Silvesternacht 1941/42. Zehn Vorsätze und Lebensregeln fürs Neue Jahr (Titel von der Herausgeberin). In: R. F., Als Lied begann's. Lebenstagebuch eines Schauspielers. Verlag Ullstein GmbH, Frankfurt am Main/Berlin 1972.
Werner Finck	Silvesterrede 1945. In: W. F., Alter Narr – was nun? Die Geschichte meiner Zeit. F. A. Herbig Verlagsbuchhandlung, München/Berlin 1972.
	Drei Fragen in der Silvesternacht. Umfrage der Süddeutschen Zeitung 1957. München im Jahre 2000. In: W. F., Zwischendurch. Ernste Versuche mit dem Heiteren. F. A. Herbig Verlagsbuchhandlung, München/Berlin 1975.
Oskar Maria Graf	Der Neujahrsbrief. In: O. M. G., Größtenteils schimpflich, dtv, München 1962.
Hanns von Gumppenberg	Neujahrsgruß. In: H. v. G., Das teutsche Dichterroß in allen Gangarten vorgeritten von... Süddeutscher Verlag, München 1966.

Friedrich Hebbel — Abenteuer am Neujahrs-Abend. Tagebuchnotiz Silvester 1840 (Titel von der Herausgeberin). Bilanz und Prognose beim Jahreswechsel 1836/37, notiert in seinem Tagebuch (Titel von der Herausgeberin). In: F. H., Werke, Band 4. Carl Hanser Verlag, München 1966.

Ernst Heimeran — Fest gewünscht ist halb gewonnen. In: Das Buch der guten Wünsche. Verlag Bärmeier und Nikel, Frankfurt am Main 1956.

Erich Kästner — Der Dezember. Der dreizehnte Monat. In: E. K., Die 13 Monate. Atrium Verlag AG, Zürich 1955.
Spruch für die Silvesternacht. In: E. K., Die kleine Freiheit. Chansons und Prosa. Atrium Verlag AG, Zürich 1975.

Thomas Mann — Silvester 1933 (Titel von der Herausgeberin). In: Th. M., Tagebücher 1933–34. S. Fischer Verlag GmbH, Frankfurt am Main 1977.

Viktor Mann — Fin de siècle. In: Wir waren fünf, Bildnis der Familie Mann. Südverlag GmbH, Konstanz 1949.

Trude Marzik — Silvesterspruch. In: Trude Marziks Wunschbüchl für festliche und andere Gelegenheiten. Paul Zsolnay Verlag, Wien/Hamburg 1974.

Fritz Müller-Partenkirchen — Neujahrsgratulanten. In: F. M.-P., Sei vergnügt, Geschichten zum Schmunzeln und Lachen. Rosenheimer Verlagshaus, Rosenheim 1976.

Isabella Nadolny — 1. Januar. In: I. N., Seehamer Tagebuch, Paul List Verlag, München 1962.

Franz Graf Pocci — Betrachtung am Ende des Jahres. In: F. G. P., Bauern-ABC. München 1856.

Gerhard Polt/Hanns Christian Müller — Sylvesterfeuerwerk. In: G. P./H. C. M., Da schau her. Alle alltäglichen Geschichten. Haffmanns Verlag, Zürich 1984.

Franziska Gräfin zu Reventlow	Jedes Jahr zur gleichen Zeit (Titel von der Herausgeberin). In: F. z. R., Der Geldkomplex, Herrn Dames Aufzeichnungen. Von Paul zu Pedro. Drei Romane. Biederstein Verlag, München 1958.
Joachim Ringelnatz	Was würden Sie tun, wenn Sie das Neue Jahr regieren könnten? In: J. R., Und auf einmal steht es neben dir. Gesammelte Gedichte. Karl H. Henssel Verlag, Berlin 1950.
Friedrich Rückert	Neujahrslied. Tischspruch. In: F. R., Gesammelte Werke. Leipzig 1898.
Leo Slezak	Neujahrsbrief eines besorgten Vaters (Titel von der Herausgeberin). In: L. S., Mein lieber Bub, Briefe eines besorgten Vaters. R. Piper & Co. Verlag, München 1966.
Ludwig Thoma	Nachträgliches. In: L. Th., Gesammelte Werke, Band 6. R. Piper & Co. Verlag, München 1968.
Siegfried von Vegesack	Mein Sylvesterwunsch. In: Das Buch der guten Wünsche. Verlag Bärmeier und Nikel, Frankfurt am Main 1956.
Georg von der Vring	Jahresring. In: G. v. d. V., Gedichte und Lieder, hrsg. von Barbara Bondy und Rudolf Goldschmidt. R. Piper & Co. Verlag, München/Zürich 1979.
Helmut Zöpfl	Silvester. In: H. Z., Aber lebn, des möcht i bloß in Bayern, Rosenheimer Verlagsanstalt, Rosenheim o. J. Jahresbilanz. In: H. Z., Bayrisch durchs Jahr, Rosenheimer Verlagsanstalt, Rosenheim o. J.

Wir danken allen Rechteinhabern und Verlagen für die freundliche Erteilung der Abdruckgenehmigungen.